GUNDA SCHOLDT

DER TOD
AUFSTIEG INS LICHT

Ich danke allen, die mich über viele Jahre begleitet und motoviert haben, die Forschung nach dem Sinn des Lebens als zentrale Lebensaufgabe zu betrachten.

Gunda Scholdt

DER TOD

AUFSTIEG INS LICHT

Bibliografische Information der Deutschen Nationalbibliothek

Die Deutsche Nationalbibliothek verzeichnet diese Publikation in der Deutschen Nationalbibliographie; detaillierte bibliografische Daten sind im Internet über http://dnb.d-nb.de abrufbar.

© Gunda Scholdt, Wörthsee, 2012
info@gunda-scholdt.de
Covergestaltung und Grafiken: Andrea Woyte
Layout: Christina Gruber
Herstellung und Verlag: Books on Demand GmbH, Norderstedt
ISBN 978-3-8448-0833-9

INHALT

DER TOD – WAHRHEIT ODER ILLUSION?

Eines der letzten Tabu-Themen unserer Zeit ist der Tod, über den wir uns weigern nachzudenken, bis er uns unmittelbar zu betreffen droht und wir dem Unvermeidlichen nicht mehr entrinnen können. Und doch ist der Tod das einzig Sichere von Beginn des Lebens an, dem wir – vor allem in der westlichen Welt – mit Auflehnung, Angst und einem großen Unbehagen entgegensehen, obwohl er zum Leben dazugehört und täglich massenhaft passiert.

Nun könnten wir uns fragen, warum das so ist. Ein Grund dafür ist im christlichen Abendland sicher die Tatsache, dass der Glaube an die Reinkarnation durch die Konzilien von Nicäa von 325-553 n. Chr. offiziell aus der christlichen Lehre gestrichen wurde, woraus man allerdings zwingend schlussfolgern muss, dass er vorher durchaus verbreitet war. Daraus erklärt sich historisch und bis in die heutige Zeit hinein auch die unterschiedliche Haltung orientalisch oder westlich geprägter Menschen dem Sterben gegenüber.

Während es beispielsweise im Buddhismus, aber vor allem in Tibet, eine ›Spirituelle Wissenschaft des Sterbens‹ sowie eine genaue Kenntnis über die verschiedenen Stadien des Hinübergehens gibt, glaubt die westliche Medizin den Tod mit allen technischen Mitteln hinausschieben zu müssen, weil das physische Leben ja als das einzig Existierende betrachtet wird, und die Aussicht auf ein vermeintlich wartendes Paradies dem Gläubigen zwar Hoffnung, Zuversicht und Trost gibt, was dem Agnostiker aber leider nicht vergönnt ist.

So erfindet unsere moderne Medizin auch immer mehr Ersatzteile für den armen, in die Jahre gekommenen menschlichen Körper, und sterbende Menschen werden gegen ihren Willen an Maschinen angeschlossen, künstlich beatmet oder durch Magensonden ernährt, was eine Zwangshandlung darstellt, die mit der Würde des Menschen unvereinbar ist. Und doch können wir diesen Helfern der Menschheit keinen Vorwurf machen. Sie entscheiden nach bestem Wissen und Gewissen und sind felsenfest davon überzeugt, human zu handeln und das Richtige zu tun.

In jüngster Zeit regt sich aber Widerstand. Immer mehr Menschen klagen ihr Recht auf ein selbstbestimmtes Sterben ein, und der Riss der Befürworter und Gegner geht quer durch die Gesellschaft.

Was ist richtig? Was ist ethisch vertretbar? Wie weit soll das Recht auf Selbstbestimmung für den Einzelnen gehen?

Hier berühren wir einen Punkt, an dem der menschliche Verstand keine letztendliche Sicherheit mehr geben kann. Doch es gibt ein durch die Jahrtausende überliefertes esoterisches Wissen, das der Menschheit ihr Wesen und ihre Bestimmung erklärt. In den letzten 2000 Jahren wurde es aber immer mehr in den Hintergrund gedrängt, weil die vielen unterschiedlichen dogmatischen Religionen für sich beanspruchen, das »Wort Gottes« und damit Wahrheit zu verkünden, an die der Mensch glauben kann oder eben nicht. Doch wie lässt sich dieser Glaube mit der Wissenschaft verbinden? Müssen Denken und Glaube wirklich Gegensätze bleiben?

Esoterik ist keine Glaubensangelegenheit! Richtig verstanden ist sie die Wissenschaft von den verborgenen Energien und Kräften des Lebens. Sie reicht viel tiefer und ist viel wissenschaftlicher und seriöser als allgemein angenommen.

In der heutigen Zeit hat sie allerdings einen äußerst schlechten Ruf, und das nur, weil sie im allgemeinen eben nicht als Wissenschaft praktiziert und gelehrt wird, sondern als Markt für Leichtgläubige in Erscheinung tritt. Viele Wissenschaftler, Intellektuelle und Denker unserer Zeit lehnen daher alles Esoterische von vornherein ab, weil es scheinbar jeglicher Seriosität entbehrt. Doch ist das wirklich so?

Esoterik, die als **Zeitlose Weisheit** im Verborgenen immer existiert hat, wurde der Menschheit zu allen Zeiten von großen »Meistern der Weisheit«[1] vermittelt. Dieses zeitlose Weisheitswissen war immer ver-

---

[1] Wie Krishna, Buddha, Christus, Laotse, Konfuzius u.v.a.

fügbar, doch wir werden es erst entdecken, wenn wir wirklich danach suchen und bereit sind, ungewöhnliche Sichtweisen als Hypothese einer möglichen Wahrheit anzunehmen, um eventuell später durch Erfahrung den Beweis ihrer Richtigkeit zu bekommen.

Denn Esoterik ist im wesentlichen die **Wissenschaft von der Seele**, die als universelles Bewusstsein alle physischen Formen durchdringt. Sie ist das belebende Bewusstsein der gesamten Natur sowie der nicht-sichtbaren Ebenen, die jenseits dessen liegen, was wir im allgemeinen unter Natur verstehen. Und diese Seele wartet darauf, entdeckt und in ihrem Wesen verstanden zu werden, doch gerade die weitverbreitete Ablehnung gegenüber allem Esoterischen steht einer wissenschaftlichen Erforschung der Seele und ihres Pendelns zwischen Leben und Tod entgegen.

Die Todesfurcht, die einer Gedankenillusion entspringt, kann aber nur überwunden werden, wenn die Wissenschaft sich der Tatsache bewusst wird, dass Leben und Materie die zwei Seiten einer Medaille sind und daher den gleichen analogen Lebens- oder Naturgesetzen folgen. Es ist bereits wissenschaftlich unumstritten, dass sich ein Stoff, der einmal existiert hat, nicht in nichts auflösen, sondern lediglich in einen anderen Aggregatzustand verwandeln kann. Wie kann also ein Bewusstsein, das unzweifelhaft vorhanden war, jetzt nicht mehr sein? Das ist unmöglich, und deshalb ist die **Lehre von der Wiedergeburt**, die im Osten seit Jahrtausenden gelehrt wird, auch die einzig einleuchtende, die in der Lage ist, uns westlichen Menschen von einer großen Angst zu befreien und eine völlig neue Lebensperspektive zu eröffnen.

So scheint es mir auch an der Zeit zu sein, Menschen, die für einen Blick hinter die phänomenale Welt bereit sind, mit der ›Kunst des Sterbens‹ vertraut zu machen.

Nun wird der Skeptiker einwenden, niemand ist gestorben und dann wieder zurückgekommen. Das ist zwar einerseits richtig, aber andererseits eben nicht. Es gibt heute eine große Anzahl von Menschen, die sich an frühere Leben erinnern und nachprüfbar bewiesen haben, dass ihre Erinnerung richtig ist. Kinder wurden an Orte geführt, die sie zuvor nie gesehen hatten, und sie haben dort ihre früheren Verwandten erkannt. Darüber gibt es eine Fülle von Literatur, die jedem, der sich dafür interessiert zur Verfügung steht. Doch damit möchte ich mich nicht beschäftigen.

Ich wende mich vielmehr an jene, die seelisch wach genug sind, um zu erkennen, dass ihr Bewusstsein niemals sterben kann. Oder können Sie sich vorstellen, dass Sie einmal nicht mehr sind? Seien Sie ehrlich, das geht nicht wirklich. Denn selbst die ausgeprägtesten Materialisten suchen sich ihre Grabstelle aus; es ist ihnen wichtig, wo das ist und wie die Zeremonie stattfindet. Wenn sie aber ernsthaft glauben würden, dass nach dem Tod das Nichts, also das ›Unbewusstsein‹ folgt, welchen Sinn hätte das noch, wenn keine Wahrnehmung mehr vorhanden wäre? Daraus lässt sich folgern, dass fast jeder im Grunde seines Herzens an eine Bewusstseinskontinuität glaubt, und dies ist es, was die ›Zeitlose Weisheit‹ als erwiesene Tatsache lehrt.

So glaube ich persönlich auch fest daran, dass sich das ganze Leben, die Einstellung zu anderen Menschen und zum persönlichen Lebensweg ganz entscheidend verändern würde, wenn dieser in unserer Vorstellung nicht mit dem Tod endet, sondern in anderen Bewusstseinssphären einfach weitergeht.

Und um diesen Weg der Seele von Inkarnation zu Inkarnation, zwischen denen jeweils eine Phase liegt, die vom irdischen Standpunkt aus als Tod erscheint, geht es in diesem Buch. Dieses Wissen über den Tod, das Teil des zeitlosen Weisheitswissens ist, wurde seit Jahrtausenden in tibetischen Klöstern aufbewahrt. Es ist uns heute aber auch aus anderen Quellen zugänglich, und so möchte ich mit den Worten des tibetischen Meisters Djwhal Khul beginnen:

»Ich spreche über den Tod als einer, der die Sache von beiden Seiten – von der äußeren Welterfahrung und der inneren Lebensäußerung – her kennt: Es gibt keinen Tod. Es gibt, wie ihr wißt, den Eintritt in ein reicheres Leben. Es gibt Befreiung von den Beeinträchtigungen der fleischlichen Hülle. Den Losreißungsprozeß, der so sehr gefürchtet

wird, gibt es nicht, ausgenommen in Fällen gewaltsamen und plötzlichen Todes, und dann sind die einzig wirklichen Unannehmlichkeiten ein augenblicklanges, überwältigendes Gefühl drohender Gefahr und Vernichtung und etwas, was einem elektrischen Schock sehr nahe kommt. Nichts weiter.«

Und wer ist der tibetische Meister Djwhal Khul, auf den sich dieses Buch im wesentlichen stützt? Dieser sagt von sich selbst:

»Es mag der Hinweis genügen, daß ich ein Tibetanischer Jünger eines bestimmten Grades bin. Dies besagt wenig, denn wir alle sind ja Schüler, vom bescheidensten Aspiranten bis hinauf zu Christus.

Ich lebe – wie jeder andere Mensch – in einem physischen Körper und zwar an den Grenzen von Tibet. Zeitweilig (vom Standpunkt des Exoterikers) bin ich das Oberhaupt einer großen Gruppe tibetanischer Lamas, so weit meine anderen Pflichten dies erlauben. (...)

Ich bin euer Bruder, der ein wenig länger auf dem Pfad gewandelt ist als der Durchschnitt; und deshalb trage ich auch eine größere Verantwortung. Ich bin einer von denen, die um den Weg zu einer höheren Erleuchtung gerungen haben, und ich habe härter darum gekämpft als der Aspirant, der diese Sätze liest. Ich muß daher als Mittler des Lichtes wirken, wieviel Mühen auch damit verbunden sein mögen.

Ich bin kein alter Mann (...); ich bin aber auch kein junger, unerfahrener Mensch.

Es ist meine Aufgabe, zu lehren und die Erkenntnisse einer zeitlosen Weisheit zu verbreiten, wo immer ich Gehör finde; ich bin seit vielen Jahren auf solche Weise tätig. (...)«

Dieser Meister Djwhal Khul, der auch der ›Tibeter‹ genannt wird, hat der Autorin Alice A. Bailey durch telepathische Übermittlung ein zwanzigbändiges Werk diktiert, das einen esoterischen Wissensschatz enthält, der seinesgleichen in dieser Welt sucht. Mir persönlich haben diese Bücher eine völlig neue Lebenseinstellung vermittelt und eine Lebensqualität geschenkt, für die ich zutiefst dankbar bin.

Und so hoffe ich, dass die folgenden Gedanken über den Tod auch Ihnen, liebe LeserInnen, Inspiration und Freude vermitteln; denn sobald die Angst vor dem Tod verschwindet, kann sich das eigene Leben, aber auch die Sicht auf die Welt grundlegend verändern.

DIE WELTEN,
IN DENEN WIR LEBEN

DER URSPRUNG IRDISCHEN LEBENS

Die moderne Wissenschaft spricht vom ›Urknall‹, den sie als Beginn des irdischen Lebens betrachtet. Und die Geschöpfe unserer Erde entwickelten sich durch Evolution vom Einzeller bis zum Menschen, der sich wiederum durch Evolution vom Primaten – über das Zwischenstadium des Urmenschen – zum ›homo sapiens‹ gewandelt hat. Aus dieser Perspektive ist der Mensch lediglich ein höher entwickeltes Tier mit all seinen Trieben, Instinkten und Emotionen, und folglich dazu verdammt, immer unvollkommen zu sein.

Im Widerspruch dazu steht das christliche Bild des Menschen. Hier erscheint er als ein von Gott – nach seinem Ebenbild – erschaffenes geistiges Wesen, das in die Welt gestellt wurde, um über die Natur und die Tierwelt zu herrschen.

So ist der Mensch als ›Krone der Schöpfung‹ ein Wesen, das zwar in der physischen Welt lebt und handelt, aber am Ende nach dem Tod wieder zu Gott aufsteigt. Doch die Vorstellung davon, was nach dem Tod passiert, bleibt äußerst vage und nebulös und in weiten Teilen auch noch angstbesetzt, weil die mittelalterlichen Gedanken von Himmel und Hölle im Unterbewusstsein der Menschheit noch sehr präsent sind.

Diese beiden Ansätze, das Leben zu betrachten, scheinen vordergründig unvereinbar zu sein. Es bedarf also eines Perspektivwechsels, um religiöse Glaubensaussagen und moderne naturwissenschaftliche Erkenntnisse in Einklang zu bringen, wobei beide Vorstellungen sich der Wirklichkeit nur unvollkommen nähern.

Dass der Kosmos einen intelligenten Schöpfer haben muss, also nach einem genialen Plan und nicht aus dem Zufall heraus entstanden sein kann, dürfte jedem wirklich nachdenklichen Menschen klar sein. Denn je tiefer die Naturwissenschaft in das Wesen der Materie eindringt, umso klarer wird es, dass auch der mikrokosmische Bereich mathematisch exakt geordnet ist und sich nach einem inneren bisher noch unerkannten Plan entwickelt. Doch weil die Wissenschaft seit der Aufklärung ängstlich darauf bedacht ist, alles Mystische aus ihrem Denken zu verbannen und nur Beweisbarem zu glauben, endet ihre Erforschung des Lebens auch im Sichtbaren und stößt damit an eine unüberwindbare Grenze.

Die Religionen betrachten den Menschen als Geschöpf Gottes, wobei die Unterschiede innerhalb der verschiedenen Religionen eher marginal sind, denn sie liegen vor allem in den unterschiedlichen Annäherungen zum Göttlichen und in den rituellen Ausdrucksformen.

Es gibt aber noch einen dritten Ansatz, das Leben zu ergründen, den esoterischen, der in der Lage ist, beide Betrachtungsweisen in die richtige Perspektive zu rücken.

Die Grundlage des esoterischen Weltbildes ist das Wissen, dass Leben ewig ist, niemals begann und niemals enden kann. Doch dieses ›Eine Ewige Leben‹ unterliegt ständigen Wandlungen, die den Gesetzen des Lebens oder einem Göttlichen Plan folgen.

Und das zentrale Gesetz, das die Evolution auf unserem Planeten beherrscht, ist das **Gesetz von Ursache und Wirkung**, das im Osten auch als **Karma-Gesetz** bekannt ist. Es ist ein großes Naturgesetz, das Reinkarnation bewirkt.

Im Osten, vor allem aber in Indien, Tibet und weiten Teilen Südostasiens, wird Reinkarnation als selbstverständliche Tatsache betrachtet, während wir im Westen, bedingt durch das Verständnis der christlichen Theologie und den dominierenden Einfluss der Wissenschaft, dies in Zweifel ziehen oder oft sogar vehement bestreiten.

Doch in jüngster Zeit, infolge der zahlreichen Nahtod-Erfahrungen, hat sich das Blatt gewendet, und mehr als die Hälfte der Menschen im Westen glaubt ebenfalls an die Reinkarnation. Die Mehrheit der Menschen auf unserem Planeten ist also überzeugt, dass wir nicht nur einmal leben; und es gibt mehr als schlüssige Beweise dafür, dass Wiedergeburt eine Tatsache ist, denn die vielen Berichte von Wiederbelebten zeugen eindringlich davon.

Und alle diese Menschen sollten sich irren oder Opfer von Massenhalluzinationen sein, wie einige unserer Mediziner zu behaupten versuchen? Das zu glauben fällt schwer, und so denke ich, dass es an der Zeit ist, uns mit dem Gedanken vertraut zu machen, dass auch wir ewig leben. Allerdings findet dieses Leben auf verschiedenen Ebenen, in verschiedenen Körpern und in verschiedenen Zeiten statt. Auf Geburt folgt Tod, der uns aus dem physischen Leben reißt, nur um in einer Zwischenphase auf anderen Ebenen existent zu sein.

Doch momentan ist noch ein Schleier vor unser Bewusstsein gezogen, und wir erleben uns in der physischen Welt getrennt vom größeren Ganzen. So könnte es auch durchaus hilfreich sein, den Worten eines Meisters der Weisheit zu lauschen, der uns von der anderen Seite des Vorhangs herüberruft:

»Ihr könnt wissen, was beim Sterben passiert und wohin die Toten gehen, wenn sie aus unserem Blickfeld verschwunden sind.«

Denn dieses Wissen, das im tibetischen Buddhismus und in alten spirituellen Schriften überliefert wurde, ist interessierten Kreisen durchaus zugänglich. Es scheint mir aber sinnvoll zu sein, es in unser westliches Denken, in unsere westliche Psychologie zu übertragen, in der Hoffnung, dass es auch in unserem Kulturkreis eine größere Verbreitung findet.

DER MENSCH IM DIESSEITS UND JENSEITS

Um den Tod zu verstehen, müssen wir unsere Vorstellung von uns selbst über das Physische hinaus erweitern, denn würde sich unser menschliches Sein tatsächlich auf den physischen Körper begrenzen, wäre unser Leben mit dem Tod zu Ende. Doch das ist natürlich eine Illusion, und so ist das Phänomen des Todes auch nur begreifbar, wenn wir uns zunächst mit der ›geistigen Anatomie‹ des Menschen beschäftigen, mit der Ganzheit unseres Selbst, das weit über unsere materielle Natur hinausreicht.

Was macht also das wahre Wesen des Menschen aus?

Die Zeitlose Weisheit lehrt, dass der Mensch ein multidimensionales Wesen ist, dessen Bewusstsein sich sowohl mit dem physischen Leben wie auch mit dem geistigen Sein identifizieren kann. So sind wir in zwei Welten zuhause: einer *materiellen oder Formwelt* und einer *geistigen oder immateriellen Lichtwelt*. Und diese beiden Welten, die den Hintergrund des menschlichen Bewusstseins bilden, lassen in uns eine Dualität des Erlebens entstehen, die sich als Leben und Tod, innerer und äußerer Antrieb oder inneres und äußeres Leben wahrnehmen lässt.

Doch weil wir noch keine Bewusstseinskontinuität besitzen, erinnern wir uns gewöhnlich nicht an frühere Leben und sind uns auch nicht bewusst, woher unsere Impulse, unsere Wünsche, unsere Träume, unsere Ziele, unsere Phantasien oder Visionen kommen. Und dennoch sind sie für uns sehr real und geben uns die Richtung unserer Bestrebungen an.

In jüngster Zeit gibt es aber einen Trend in der modernen Neurobiologie, die den Menschen auf seine physiologischen Funktionen zu begrenzen versucht. Sie betrachtet das Gehirn als höchste Instanz, als das vermeintliche Ich des Menschen, das anscheinend nur durch biochemische Prozesse gesteuert wird und dadurch sein Bewusstsein erhält. Welch außerordentlich absurde Vorstellung! Ein Körper, der Leben und Tod unterworfen ist, steuert sich selbst; er kommt aus dem Nichts und endet im Nichts. Glauben Sie das? Wohl kaum!

Und so ist es nicht erstaunlich, dass sich immer mehr Menschen – auch im Westen – für den Bereich der Esoterik öffnen, um Antworten für das zu finden, was sie wirklich bewegt. Denn im Grunde seines Herzens fühlt jeder Mensch, dass es etwas jenseits des Physischen gibt, das ewig lebt und mit dem er durch ein unsichtbares Band verbunden zu sein scheint.

Doch Fühlen allein reicht nicht, um uns Gewissheit zu geben. Wir leben in einer Zeit, in der das eigenständige, kritische Denken immer stärker wird, und deshalb braucht die Menschheit eine Synthese aus Wissenschaft und Religion, die die Existenz des Nicht-Sichtbaren in ihre Forschung einbezieht. Gibt es doch weltweit Millionen von Menschen mit Erfahrungen in den nicht-sichtbaren Sphären unserer Welt[2], die sich nicht mit der einfachen Erklärung von Halluzinationen abtun lassen. Und diese Erfahrungen, die Zeugnisse einer jenseitigen Welt sind, finden ihre ganz logische Erklärung, wenn wir bereit sind, uns auf das zeitlose Weisheitswissen einzulassen, das uns die diesseitige und jenseitige Welt und unser Wandern darin ausführlich und einleuchtend erklärt.

So lehrt die **Zeitlose Weisheit** auch, dass es auf unserer Erde nicht nur eine Welt, sondern sieben Bewusstseinswelten gibt[3], durch die sich das ›Eine Göttliche Leben‹ offenbart. Und diese sieben Welten, die in der Esoterik auch als die »Sieben Ebenen« bekannt sind, lassen sich vereinfacht wie folgt darstellen:

---

[2] Literaturverzeichnis: Raymond A. Moody, Neville Randall, Charles W. Leadbeater, Annie Besant, Paul Meek u.a.

[3] Wir finden dieses Wissen auch in der Kabbala, der Theosophie, den Veden und anderen Urschriften.

DIE 7 BEWUSSTSEINSEBENEN DER ERDE

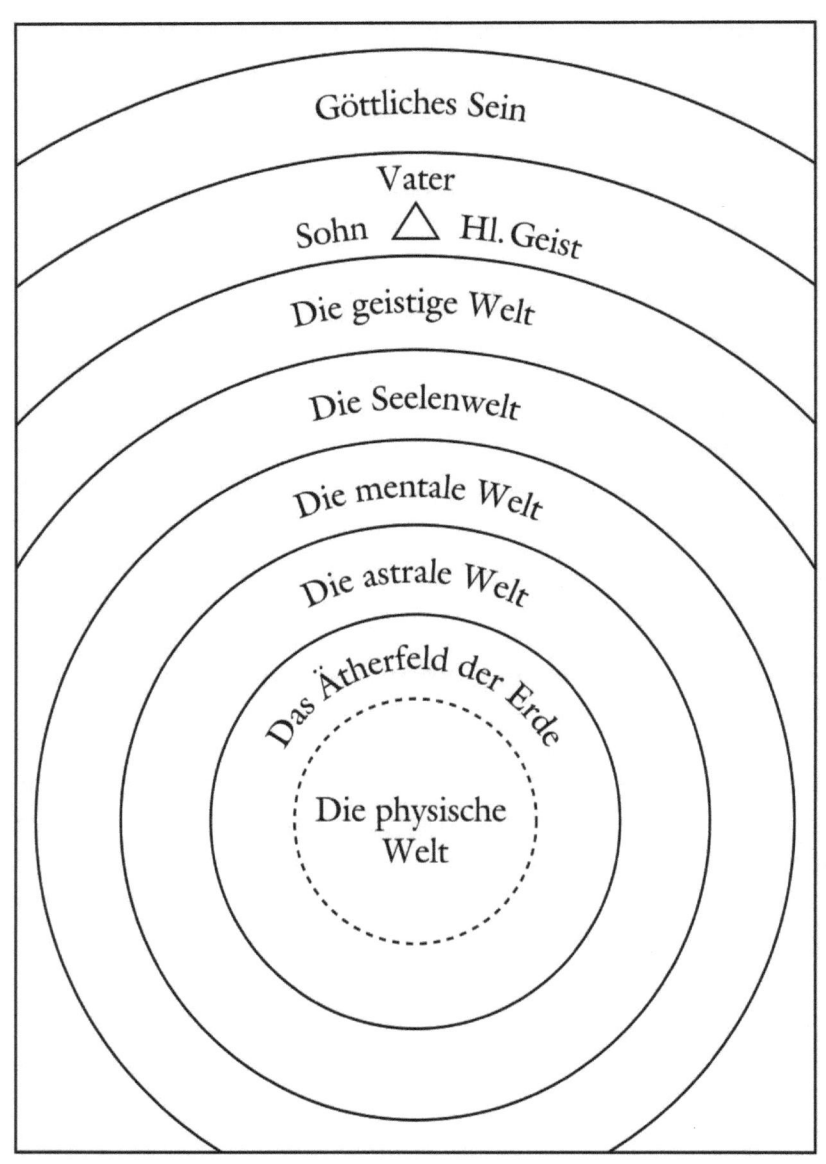

Göttliches Sein

Vater

Sohn △ Hl. Geist

Die geistige Welt

Die Seelenwelt

Die mentale Welt

Die astrale Welt

Das Ätherfeld der Erde

Die physische
Welt

Die Vorstellung einer siebenfältigen Struktur der Welt ist nicht neu. Wir finden sie in alten spirituell-philosophischen Texten, in tibetischen und indischen religiösen Schriften, in der jüdischen Kabbala sowie in zahlreichen Schöpfungsmythen der Welt. Doch in unserem westlich geprägten, rationalen Denken wurde der Gedanke einer alles durchdringenden Lebenskraft, die sich in feinstofflichen Welten, aber auch in grobstofflichen Welten gleichermaßen manifestiert, einfach negiert.

Und weil unser Fokus auf die sichtbare materielle Natur unserer Welt gerichtet ist, fällt es unseren westlichen Wissenschaftlern schwer, das esoterische Weltbild zumindest als Hypothese anzunehmen. Denn unsere 5 Sinne erfassen bisher nur den physischen Bereich der Erde, aber nicht die feinstofflichen Energiewelten, mit denen sich die Esoterik beschäftigt. Dieses Weltbild beginnt aber zu wanken, und es gibt Ausnahmen unter den Wissenschaftlern, wie folgendes Zitat belegt:
»Es ist absolut möglich, dass jenseits unserer Sinne ungeahnte Welten verborgen sind.« Albert Einstein

Wir wollen also damit beginnen, unser Weltbild über das Physische hinaus zu erweitern, indem wir zu verstehen suchen, was die spirituelle Tradition in den zahlreichen Berichten großer Mystiker, aber auch in ihrer geheimen Symbolik der Hl. Schriften unserer Welt überliefert hat.

In der christlichen Tradition sprechen wir vom ›Reich Gottes‹, im Buddhismus vom ›Nirvana‹, und in anderen Religionen ist es der Große Geist oder eine Welt der Geister oder höheren Mächte.

Und dem steht die materielle Welt gegenüber, in die Menschen geboren werden, um eine Zeit lang in ihr zu leben und dann wieder zu verschwinden. Aber wohin?

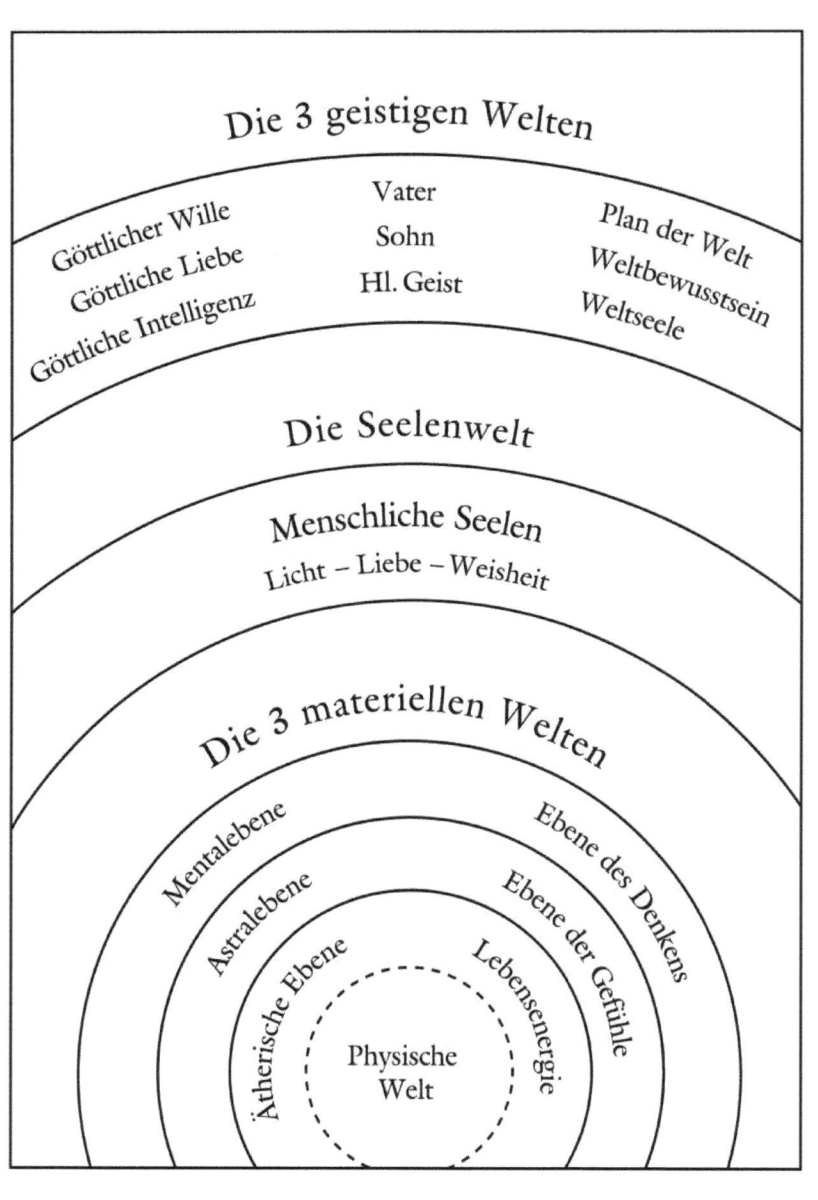

Die 3 geistigen Welten

Vater
Sohn
Hl. Geist

Göttlicher Wille
Göttliche Liebe
Göttliche Intelligenz

Plan der Welt
Weltbewusstsein
Weltseele

Die Seelenwelt

Menschliche Seelen
Licht – Liebe – Weisheit

Die 3 materiellen Welten

Mentalebene
Astralebene
Ätherische Ebene
Physische Welt
Lebensenergie
Ebene der Gefühle
Ebene des Denkens

Die Zeitlose Weisheit geht stets von sieben Bewusstseinswelten aus, durch die sich das ›Eine Göttliche Leben‹ manifestiert. Dies mag dem kritischen Leser willkürlich erscheinen, doch wenn wir uns die Mühe machen, die Geschichten der Hl. Schriften damit zu vergleichen, werden wir auch hier – verborgen in symbolischen Schlüsseln – Entsprechungen finden.[4]

Denn diese sieben Ebenen oder Welten sind unterteilt in drei geistige Welten, drei materielle Welten und eine Seelenwelt, die eine Verbindung zwischen Geist und Materie schafft.

Auf diese Weise entsteht eine grundsätzliche Teilung zwischen einem geistigen Lebensraum und einem materiellen Lebensraum: einer **Welt der Ursachen** und einer **Welt der Wirkungen**.

Die **geistigen Welten** sind eine ›kosmische Lichtwelt‹, die in christlicher Terminologie als ›Reich Gottes‹ bezeichnet wird. Sie wirken als Ursachen auf die materiellen Welten ein.

Die **materiellen Welten** sind die Bewusstseinssphäre des täglichen Lebens, in der wir leben und Erfahrungen machen. Und auch hier gibt es drei Ebenen:

- Mentalebene   –   Ebene des Denkens
- Astralebene   –   Ebene der Gefühle
- Ätherisch-   –   Lebensenergie
  Physische Ebene   Handeln

Diese Ebenen menschlicher Wahrnehmung – die Welt der Wirkungen – bilden die Realität unseres Lebens, und sie sind für lange Zeit die Bewusstseinssphäre des Menschen, in der wir als *denkende, fühlende und handelnde Wesen* leben.

Von diesen drei Welten nehmen wir bisher aber nur die physische wirklich zur Kenntnis.

---

[4] Die 7 Schöpfungstage der Genesis, das Buch mit den 7 Siegeln der Offenbarung, die 7 Zeitalter, die 7 Plagen, die 7 Geister vor dem Thron u.v.m.

Die **Seelenwelt** hat eine Mittlerfunktion zwischen der dreifachen geistigen Welt und der dreifachen materiellen Welt, in die die Seele herabsteigt, um von Zeit zu Zeit – nach dem Tod – wieder in die höheren Welten aufzusteigen.

Und was ist der Sinn dieses Wanderns in den verschiedenen Bewusstseinswelten unseres Planeten?

Folgen wir der Zeitlosen Weisheit, so hält dieses Wandern zwischen Leben und Tod so lange an, bis die Seele sich als das erkannt hat, was sie wirklich ist: Ein geistiges ›Ich‹, das einen physischen Körper bewohnt, um diesen im Zuge des geistigen Aufstiegs zu durchlichten.

Und ist dieser Erfahrungsprozess der Seele durch die Materie dann – nach einer relativ langen Zeit irdischer Erfahrung – zum Abschluss gekommen, so hat ein Mensch das erreicht, was die Esoterik *Erleuchtung* nennt. Nun ist er vom ›Rad der Wiedergeburt‹ befreit, und auf dieser Stufe der Entwicklung gibt es keinen Tod mehr, weil wir jetzt wissen, dass wir unsterblich sind.

Tod und Leben sind also nicht voneinander zu trennen. Leben bedingt Tod und Tod bedingt Leben. Doch wie können wir uns das konkret vorstellen? Um das Phänomen Tod wirklich zu verstehen, stellt sich zunächst die Frage, wer oder was bringt uns ins Leben oder lässt uns sterben.

Folgen wir der Religion, so ist es Gott, und wenn wir nicht daran glauben, ist es der Zufall oder die Biologie. Aber sind diese Erklärungen wirklich ausreichend, um uns die Angst vor dem Sterben, die Ungewissheit über das, was nach dem Leben wirklich passiert, zu nehmen? Gibt es wirklich nicht mehr, was wir über unsere ursächliche Existenz und den wahren Sinn des Lebens wissen könnten? Wo ist der Ursprung unseres Lebens?

DIE GÖTTLICHE DREIFALTIGKEIT

Gott ist »*Einer in Drei und Drei in Einem*« lehrt uns die christliche Religion. Doch auch in den meisten anderen großen Religionen finden wir diese Göttliche Trinität unter anderen Namen. Im Christentum ist es *Vater–Sohn–Heiliger Geist*, im Hinduismus *Shiva–Vishnu–Brahma* und im antiken Ägypten *Osiris–Isis–Horus*, und es ließen sich noch viele andere Beispiele finden. Die Begriffe wechseln wie die Erscheinungsformen der Religionen, die in den verschiedenen Zeitepochen auftauchten, doch die Grundwahrheit, die in diesen Symbolen Ausdruck findet, war und ist immer die gleiche.

Was verbirgt sich also hinter den Symbolen oder mythischen Göttergestalten der großen Weltreligionen?

Die Zeitlose Weisheit lehrt, dass es ›Ein Großes Leben‹ gibt, das ewig ist, weil es niemals begann und niemals enden kann. Es ist der Zustand Göttlichen Seins als Hintergrund des Lebens auf unserer Erde.

Doch um Manifestation und Entwicklung zu ermöglichen, teilt sich dieses ›Eine Große Leben‹ in Geist und Materie. Die Bibel beginnt mit den Worten: »*Am Anfang schuf Gott Himmel und Erde*«, was das gleiche auf andere Weise ausdrückt. Denn die Entstehung der Welt geschieht durch Teilung. Die Einheit – der Urzustand des Lebens – wird zerstört, um eine grundlegende Dualität zu schaffen, innerhalb derer sich Entwicklung vollzieht. Geist und Materie sind die beiden Gegensätze schöpferischen Wirkens, die jeglicher Entwicklung zugrunde liegen, und durch ihr Wechselwirken wird Bewusstsein erzeugt.

Der **Geist** wirkt als Schöpferwille auf die **Materie** ein, und die Materie reagiert auf den Geist. So entsteht im Zuge der Entwicklung eine neue dritte Kraft: die **Seele** oder das **Bewusstsein**.

Schöpfung, Entwicklung, Evolution geschehen um der Seele willen, die stets das mittlere Prinzip darstellt. Sie ist das »Kind des Elternpaares Geist–Materie«. Dies ist es, was uns alle Schöpfungsmythen erzählen und was sich hinter dem Mysterium der Dreifaltigkeit verbirgt: Eine Dreiheit von Energien, die allem Geschaffenen zugrunde liegt und den Grundrhythmus der Welt bildet.

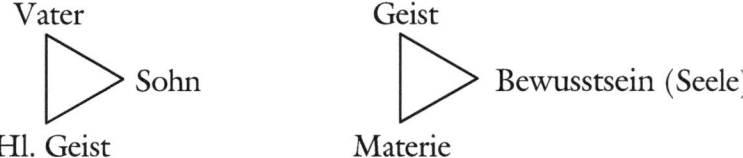

Vater   Geist

> Sohn   > Bewusstsein (Seele)

Hl. Geist   Materie

So lehrt die Zeitlose Weisheit auch, dass es drei grundlegende Seinszustände im Kosmos gibt, die sich hinter jeder sichtbaren Form verbergen, sei es nun ein Sonnensystem, ein Mensch, ein Planet oder ein Atom, weil sich das Eine Leben stets in einer Dreiheit von Energien offenbart, für die es verschiedene Bezeichnungen gibt:

Vater   –   Sohn   –   Heiliger Geist
Leben –   Bewusstsein –   Form
Geist   –   Seele   –   Körper

Die griechischen Philosophen der Antike sprachen vom Logos, der sich in den drei Logoi *Wille*, *Liebe-Weisheit* und *Intelligenz* offenbart. Diese Begriffe, die die Grundlage für ein esoterisch-physikalisches Verständnis der Welt bilden, sollen im folgenden noch genauer erklärt werden.

Vater – Leben oder Geist – Wille

Der erste Aspekt der göttlichen Dreifaltigkeit ist das Leben selbst oder der alles durchdringende und alles bestimmende Schöpferwille. Er ist der »Göttliche Plan« oder Wille Gottes, der der Gesamtschöpfung zugrunde liegt, uns aber für lange Zeit unserer Entwicklung unergründlich und unbegreifbar bleiben wird, weil der Verstand ihn nicht erfasst. Doch er wird auf der Erde sichtbar in Form von geistigen Gesetzen – wie Leben und Tod – denen die gesamte Schöpfung unterliegt und die auch die Wissenschaft zur Kenntnis nehmen muss, ohne deren Ursprung wirklich zu verstehen.

Sohn – Seele – Liebe

Die Seele ist im Makrokosmos wie im Mikrokosmos, im Weltall wie im Menschen jene Wesenheit, die geboren wird, wenn der geistige und der stoffliche Aspekt des Seins miteinander in Beziehung treten. Sie ist die dritte Kraft oder das »Kind des Elternpaares Geist-Materie« und verkörpert die magnetische Anziehung, die zwischen beiden Polen besteht. Die Seele ist stets der Faktor in der Materie, der **Bewusstsein**, **Empfindung** und **Intelligenz** hervorruft. Sie ist die Qualität, die jeder Körper besitzt und die sich als **Licht** oder **magnetische Strahlung** bemerkbar macht.

Aus esoterischer Sicht gibt es folglich keine tote Materie, denn alles Lebendige ist beseelt, doch das Bewusstsein beseelter Formen ist entsprechend der Evolutionsstufe unterschiedlich.

So umfasst die **Weltseele**, die Seele unseres Planeten, natürlich ein viel größeres Bewusstseinsfeld als die **menschliche Seele**, die bisher noch eine weitaus geringere Wahrnehmungsfähigkeit besitzt. Denn sie ist nur ein winziger Teil der umfassenderen Weltseele[5], in deren Bewusstseinsfeld die Menschheit durch Evolution erst hineinwachsen muss.

Die Weltseele, die die gesamte Natur intelligent steuert, umfasst das Bewusstsein aller Naturreiche, die sich in ihrer Seelenqualität durch den Grad an Bewusstheit unterscheiden. Während die Tierwelt – je nach Gattung – eine Gruppenseele hat, ist die menschliche Seele eine ›denkende Seele‹, die das Merkmal der **Individualität** besitzt.

Und diese Individualität, eine Eigenschaft, die durch zunehmende Selbsterkenntnis erreicht wird, gewinnt ein Mensch durch bewusste Erfahrung in den materiellen Welten oder den »3 Welten menschlicher Evolution«, wie die Esoterik sie nennt.

---

[5] ausführlich in: Gunda Scholdt, *Das Erwachen der Seele*, S. 81

Heiliger Geist – Körper – Intelligenz

Der Heilige Geist ist das Symbol des Lebenslichtes, das jeden materiellen Körper intelligent steuert. Dieses Licht macht die Beschaffenheit der Erde sowie der Naturreiche (Tierreich, Pflanzenreich, Mineralreich) aus und manifestiert sich als **Instinkt** oder das Wissen, das Tiere und Pflanzen auszeichnet, die sich durch intelligente Anpassung den Herausforderungen und wechselnden Umweltbedingungen gewachsen zeigen.

So erweisen sich die Begriffe Vater–Sohn–Heiliger Geist als symbolische Bilder, die uns helfen können, die drei wesentlichen Ur-Kräfte hinter der sichtbaren Welt zu erfassen und zu erkennen, dass diese sich auf allen Ebenen der Existenz manifestieren, weil *»Gott in allem ist und alles in Gott«*. Denn Leben tritt als der alles durchdringende Schöpferwille in jeder existierenden Form in Erscheinung.

Das Symbol der Dreifaltigkeit, das in allen großen Ur-Religionen auftaucht, verweist also auf eine grundlegende esoterische Wahrheit, dass allen Erscheinungen des physischen Lebens eine Dreiheit von Energien oder Bewusstseinsebenen zugrunde liegt. Und diese Dreiheit, deren Ursprung die Göttliche Dreifaltigkeit ist, finden wir auf jeder Ebene der Existenz wieder.

Auf die Erde bezogen sind es die drei materiellen Welten:

Mentalebene – Astralebene – Physische Ebene

Auf den Menschen bezogen sind es:

Geist – Seele – Körper   oder   **Denken – Fühlen – Handeln**

Und so wird auch die biblische Aussage verständlich, die besagt, dass *»Gott den Menschen als Sein Abbild«* erschaffen hat.

DAS WAHRE WESEN

DES MENSCHEN

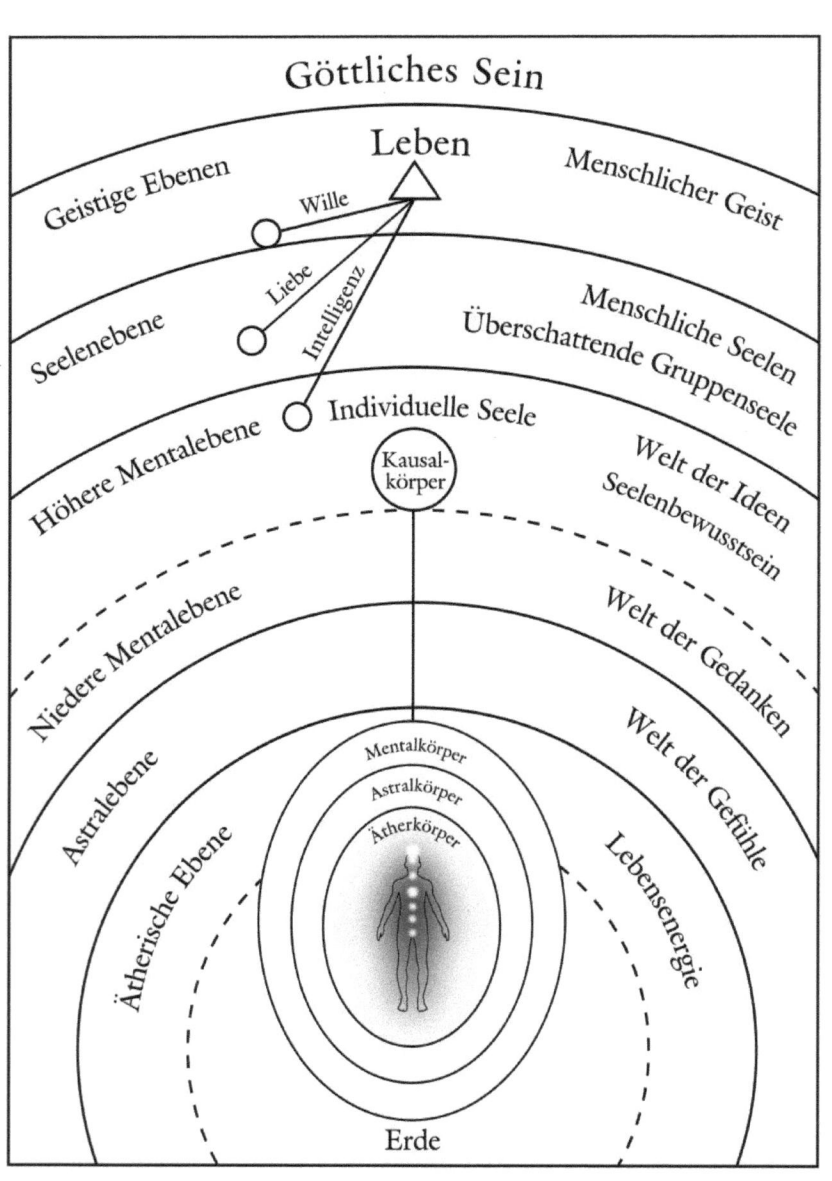

DER ABSTIEG DES MENSCHLICHEN GEISTES IN DIE MATERIE

»Und Gott schuf den Menschen zu seinem Bilde, zum Bilde Gottes schuf er ihn; ...«

Genesis 1

Dies ist eine grundlegende Glaubensaussage der christlichen Theologie.

Und wie erklärt die Esoterik diese symbolische Darstellung unserer Heiligen Schrift?

Menschwerdung beginnt auf dem Pfad der Involution, indem der **Geist** seinen Willen-zum-Leben in die Welt schickt.

Der **Geist** des Menschen ist eins mit dem ›Göttlichen Willen‹, in dem der Plan der Welt verkörpert ist. Er ist die Ursache für das Leben der Seele und zu ihm kehrt alles bewusste Leben am Ende wieder zurück.

Dieser Geistaspekt des Menschen, ist ein dreifacher Lebensstrom, in dem der *Göttliche Wille*, die *Göttliche Liebe* und die *Göttliche Intelligenz* Ausdruck finden. Die Esoterik bezeichnet diesen Lebensstrom als ›Geistige Triade‹, denn er ist ein menschliches Abbild der *Göttlichen Dreifaltigkeit*.

Und im Zuge der Menschwerdung erschafft sich der Geist einen Lichtkörper, in den die Lebensenergie einströmt. Dieser Lichtkörper, der **Kausalkörper** genannt wird, ist Träger des Seelenbewusstseins, das die Menschheit durch Erfahrung in den materiellen Welten entwickeln soll.

Der **Kausalkörper**, der Körper des höheren Selbst oder der Seele, ist auf der höheren Mentalebene verankert. Denn – im Unterschied zur Tierseele – entwickelt sich die menschliche Seele im Laufe der vielen Reinkarnationen zu einer ›denkenden Seele‹, die die Aufgabe hat, die Seelenliebe oder liebende Intelligenz in die physische Welt hinunterzubringen.

Zu diesem Zweck setzt die **Seele** den ursprünglichen Schöpfungsvorgang des Geistes – ausgehend von der höheren Mentalebene – auf einer tieferen Lebensebene fort und erschafft sich eine materielle Form, die ihr als Erfahrungszentrum in den drei materiellen Welten dient.

Diese **Form** besteht aber nicht nur aus einem physischen Körper, sondern auch aus drei feinstofflichen Körpern, die auf die drei materiellen Ebenen der Welt abgestimmt sind, um so eine Beziehung zu diesen herstellen zu können.

• Der Mentalkörper empfängt Gedanken aus der Mentalebene.

• Der Astralkörper empfängt Gefühle aus der Astralebene.

• Der Ätherkörper empfängt Lebensenergie aus der Ätherebene, wodurch der physische Körper in der physischen Welt leben kann und handlungsfähig wird.

Die drei feinstofflichen Körper werden von der Seele durch magisches Wirken als »energetisches Vorbild« für den physischen Körper erbaut. Und erst wenn dieser feinstoffliche Formaufbau abgeschlossen ist, entwickelt sich der menschliche Embryo, und ein Mensch wird in der physischen Welt geboren.

So besitzt die Seele nun auch einen physischen Körper und beginnt ihren Weg der Erfahrung und des Lernens, der sich über eine unendlich lange Kette von **Reinkarnationen** erstreckt, bis das Ziel eines intelligenten, liebenden Bewusstseins erreicht ist. Und dies ist der *»Pfad der Evolution«*, auf dem ein Mensch sein Seelenbewusstsein zurückgewinnt, das er durch den Abstieg in die materiellen Welten vorübergehend verloren hat.

Denn die Seele wird am Anfang der Entwicklung durch das Eingeschlossensein in die vier materiellen Körper in ihrer Wahrnehmung massiv eingeschränkt und muss sich durch Bewusstwerdung ihrer selbst erst stufenweise wieder in die Lichtwelten erheben.

Deshalb ist der **Kausalkörper** – der Träger von *Licht*, *Liebe* und *Weisheit* – auch noch nicht vollendet, sondern er wird durch uns im Laufe der unzähligen Reinkarnationen zur Vollendung gebracht, indem wir uns zunehmend der beiden Seiten unseres Wesens bewusst werden: der *Liebe* und der *Intelligenz*, die wir entwickeln und zusammenbringen müssen, um seelenbewusste Menschen zu werden.

Weil dies aber nur allmählich durch Evolution der Körper wie auch des Bewusstseins gelingt, verläuft unser Leben zunächst in den materiellen Bewusstseinsebenen der Erde: der physischen, astralen und mentalen Welt. Und in diesen **»3 Welten menschlicher Evolution«**, wie die Esoterik sie nennt, machen wir Erfahrungen durch den ständigen Wechsel zwischen Geburt und Tod, die nur ein Wechsel der Bewusstseinsebenen sind.

Der Gedanke, der Tod sei nichts anderes als ein Auf- und Absteigen in den verschiedenen Dimensionen unserer irdischen Welt, mag zunächst sehr spekulativ erscheinen. Doch wenn wir ein wenig tiefer in die Zeitlose Weisheit einsteigen, die uns seit Jahrtausenden den geistigen Hintergrund der Welt und die ›geistige Anatomie‹ des Menschen zu erklären versucht, dann könnte ein neuer Blick auf diesen so verdrängten Bereich des Lebens entstehen, den wir Tod nennen.

DER GANZHEITLICHE MENSCH

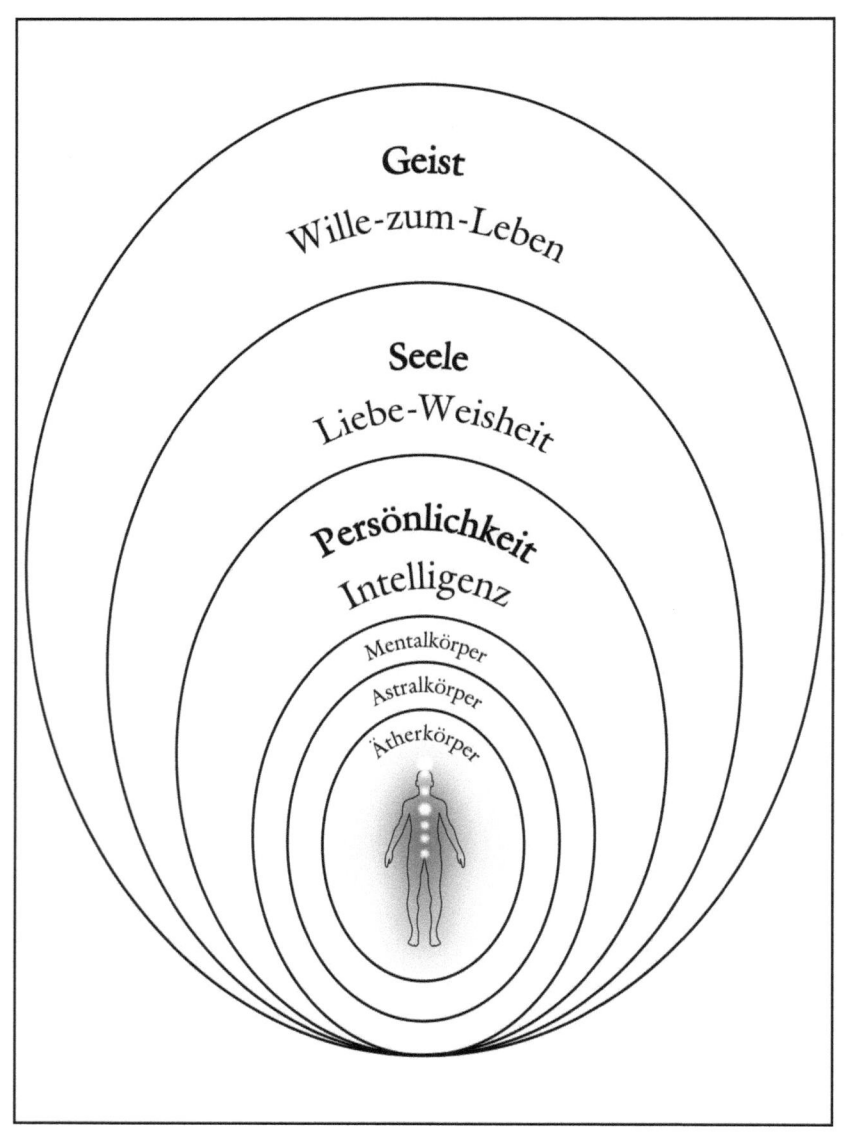

Geist
Wille-zum-Leben

Seele
Liebe-Weisheit

Persönlichkeit
Intelligenz

Mentalkörper

Astralkörper

Ätherkörper

DIE DREIHEIT GEIST–SEELE–KÖRPER

Um Leben und Tod als Realität zu begreifen, ist es wichtig zu erkennen, dass Leben ewig und unteilbar ist. Es ist der geistige Aspekt unseres Wesens, der untrennbar mit dem ›Göttlichen‹ verbunden ist. Doch
weil dies unserem menschlichen Verstand bisher nicht fassbar ist,
kann es von der Wissenschaft weder erforscht noch bewiesen werden.
Leben beginnt und endet als Mysterium und wird es wohl auch noch
lange bleiben. Beschränken wir uns also darauf, was wir erkennen
können.

Der Körper des Menschen wurde von der Wissenschaft weitgehend erforscht und ist – außer dem ätherischen Lichtfeld, das den Körper durchdringt – in seinen Funktionen ausreichend bekannt.

Doch was ist die Seele?

Die Seele des Menschen ist keine Wesenheit, die erst nach dem Tod in
Erscheinung tritt und im Paradies oder in der Hölle entsprechend der
Lebensführung ihre Belohnung oder Bestrafung findet. Vielmehr ist sie
das mittlere Prinzip zwischen Leben und Körper oder das ›verbindende
Bewusstsein‹, das entsteht, wenn der Geist mit der Materie in Verbin-
dung tritt, um sich durch sie zu offenbaren.

Die *Seele* jedes Einzelnen wird in die Welt geboren als ein kleiner Teil
der *›Überschattenden Gruppenseele‹*, der durch die Geburt in einen
physischen Körper ein individuelles Bewusstsein entwickelt. Und beim
Tod zieht die Gruppenseele den Teil wieder zu sich herauf, und so
kehrt die individuelle Seele zu ihrem Ursprungsort – die Seelenwelt –
zurück, nur um nach einiger Zeit wiedergeboren zu werden.

Und was ist der Sinn dieser vielen Reinkarnationen?

Die Seele – unser wahres Selbst – ist ein Wesen reinster Liebe, das sich
in der Welt durch ein intelligent-liebendes, von Weisheit durchdrun-
genes Bewusstsein zum Ausdruck bringt. Im Unterschied zur emotionalen menschlichen Liebe unserer Persönlichkeit ist die Seelenliebe frei,

selbstlos und ohne Bindung, denn das Bewusstsein der Seele ist ein Gruppen-Bewusstsein, das wie ein unsichtbares Band alle Seelen miteinander verbindet. Doch diese Verbundenheit nehmen wir im Leben erst wieder wahr, wenn unser Ego nicht mehr die Oberhand hat. So werden wir dieser Seelenliebe auch nur bei außergewöhnlichen Menschen begegnen, wie Christus, Buddha und anderen großen ›Meistern der Weisheit‹, denn diese Entwicklungsstufe hat die Mehrheit der Menschen auf unserem Planeten noch nicht erreicht.

Und wie können wir uns diese Entwicklung praktisch vorstellen?

Die Seele steigt in die Erscheinungswelt herab und schließt sich in materielle Körper ein, um diese durch stufenweise Erweiterung des Bewusstseins mit ihrer Liebe zu durchlichten. Natürlich dauert dieser Prozess sehr lange und ist bei weitem noch nicht abgeschlossen. Denn zu Beginn schränken die Körperhüllen das Seelenbewusstsein ein und machen den Menschen blind für die Sicht der Seele, die auf ihrer eigenen Ebene allwissend ist. So verbringt ein Mensch zunächst auch viele Leben in der physischen Welt, ohne sich der Führung seiner Seele bewusst zu sein. Er folgt seinen Instinkten sowie seiner Trieb- und Wunschnatur und erst später seinem Denken oder seiner Vernunft, um schließlich zu entdecken, dass es ein noch höheres Bewusstsein in ihm gibt: die geistige Intuition oder das ›Höhere Selbst‹.

Doch dieser Prozess der Selbsterkenntnis braucht sehr viel Zeit und kann in einem Leben niemals erreicht werden. Folglich muss der Mensch immer wieder sterben, um sich seiner selbst wieder zu erinnern. Doch der Tod betrifft nur die Persönlichkeit, nicht aber die Seele, unser Bewusstsein oder ›wahres Selbst‹.

Wir wollen uns daher zunächst mit den Körpern des Menschen beschäftigen und mit der Frage, wie sich durch die Verbindung von Seele und Körper unsere **Persönlichkeit** entwickelt.

Die vier Körper des Menschen

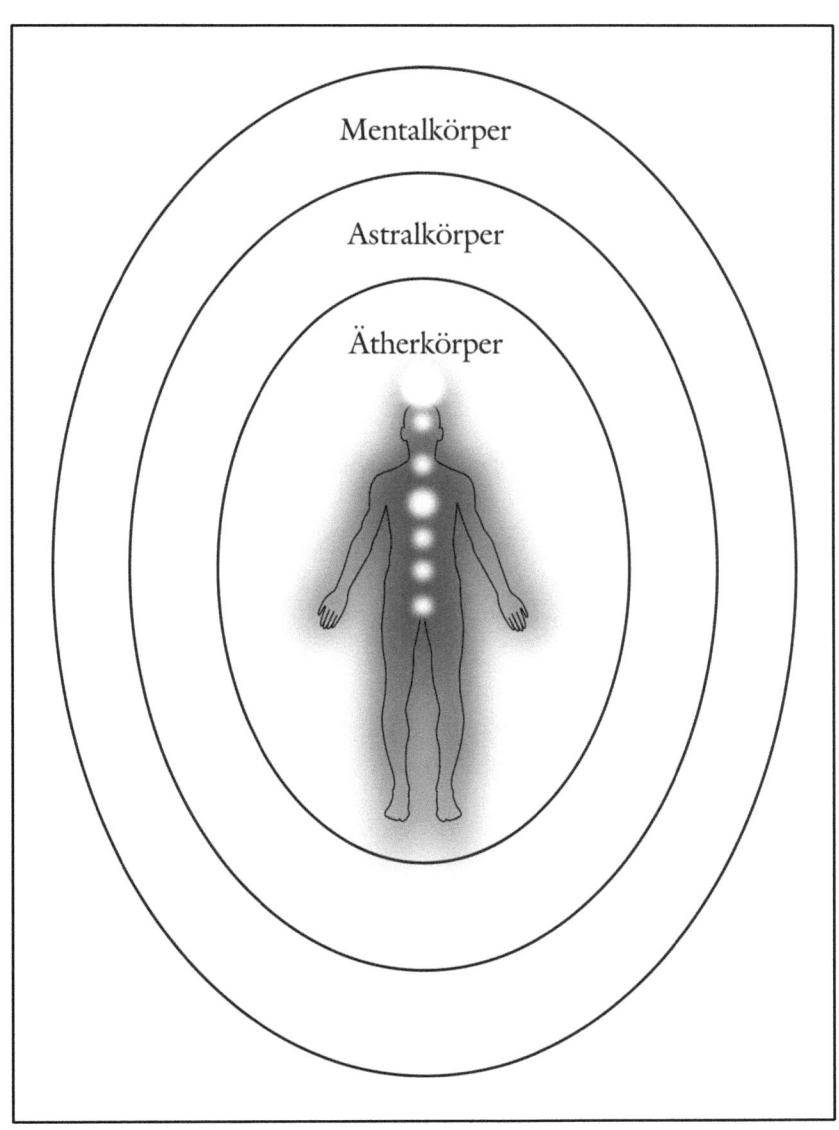

DIE MATERIELLE NATUR DES MENSCHEN

Auch die westliche Psychologie hat erkannt, dass der Mensch drei Ebenen besitzt: *Denken*, *Fühlen* und *Handeln*. Und diese drei Eigenschaften unserer Persönlichkeit gewinnen wir durch unseren physischen Körper, aber auch durch unsere feinstofflichen Körper, die der westlichen Wissenschaft noch weitgehend unbekannt sind.

Doch die Zeitlose Weisheit lehrt, dass unser Handeln nur möglich ist, weil wir einen physischen Körper haben, unser emotionales Wahrnehmen, weil wir einen emotionalen oder Wunschkörper besitzen und unser Denken vollzieht sich in unserem Mentalkörper.

Aus esoterischer Sicht ist die körperliche Natur des Menschen daher dreifach bzw. vierfach, denn der physische Körper erhält seine Lebenskraft oder Vitalität durch eine Lichthülle, die auch als Energie- oder Ätherkörper bezeichnet wird. Und in ihm befinden sich eine Reihe von Energiezentren (Chakras) und feinstoffliche Nervenbahnen, die den physischen Körper versorgen.

Betrachten wir also zunächst die materielle Seite des Menschen, der vier Körper besitzt, die aber eigentlich drei sind, weil der ätherische Körper untrennbar mit dem physischen verbunden ist.

1. Der physische Körper

Er ist die Gesamtsumme aller Zellen, Organe und Organsysteme, aus denen er besteht. Diese üben die vielfältigen Funktionen aus, die die Seele befähigen, sich auf der physischen Ebene als Teil eines größeren und umfassenderen Organismus zum Ausdruck zu bringen. Der physische Körper ist der »Reaktionsapparat« der Seele. Er dient dazu, unser ›geistiges Ich‹ mit den Schwingungen der Erde in Verbindung zu bringen, aus deren Substanz unser Körper besteht. Doch dies ist nicht möglich ohne den Ätherkörper, der Teil des physischen Körpers ist und diesen mit Lebenskraft versorgt.

2. Der Ätherkörper oder Vitalkörper

Der Ätherkörper ist Teil des physischen Körpers und schafft über sein weitverzweigtes System von feinstofflichen Nervenbahnen (Nadis) und Meridianen die Verbindung zur Quelle der Lebensenergie, die uns aus höheren Ebenen erreicht.

Er befindet sich sowohl innerhalb als auch außerhalb des physischen Körpers, denn er durchdringt ihn vollkommen, ragt aber auch als Aura über ihn hinaus. Und der Raum, den er außerhalb des Körpers einnimmt, variiert je nach der Entwicklungsstufe eines Menschen. Er kann eine Ausdehnung von wenigen, aber auch von vielen Zentimetern haben.

Neben den feinstofflichen Nervenbahnen, den Meridianen oder Energiebahnen, gibt es im Ätherkörper aber auch sieben Chakras (Energiezentren), die als »Tore« zu den sieben Bewusstseinswelten betrachtet werden können.

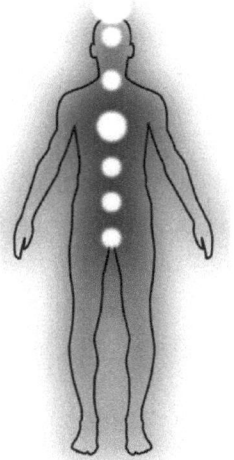

Kopfzentrum

Stirnzentrum

Kehlzentrum

Herzzentrum

Solarplexuszentrum

Sakralzentrum

Basiszentrum

Diese Energiezentren oder Chakras sind ihrem Wesen nach Verteiler oder elektrische Batterien, die Energien und Kräfte aus der Umwelt, aber auch aus höheren geistigen Ebenen in den Körper des Menschen übertragen. Sie verschaffen uns den Zugang zu den verschiedenen Bewusstseinswelten unseres Planeten, doch diese Verbindung entsteht nur stufenweise, indem wir uns durch seelische Entwicklung eine Welt nach der anderen erschließen.

Das siebenfältige Chakra-System ist unterteilt in drei untere ›Körperbezogene‹ und vier obere ›Geist-bezogene‹ Zentren, wobei das Zwerchfell die Grenze bildet. Diese Teilung symbolisiert die Dualität des Menschen, der zugleich Geist und Körper ist.

Dies zu erkennen, ist die Aufgabe der vielen Inkarnationen, die die Seele in der Begrenzung der materiellen Körper erlebt. Und die Chakras sind wie eine Stufenleiter zu immer höheren Ebenen des Bewusstseins, durch die wir uns die physische und später auch unsere geistige Umwelt erschließen.

Doch solange ein Mensch sich primär als physisches Wesen begreift, lebt er aus der Energie der unteren drei Chakras. Das **Basiszentrum** gibt uns die Grundlebensenergie, das **Sakralzentrum** die Fähigkeit zur Fortpflanzung und zu körperbezogenen Aktivitäten, und das **Solarplexuszentrum** empfängt und verteilt die Wunsch- und Vorstellungsenergie, die als motivierende und bestimmende Kraft für die meisten Handlungen und emotionalen Reaktionen verantwortlich ist.

Im Zuge der Entwicklung kommt aber die **Denkkraft** hinzu, die das **Kehlzentrum** erweckt. Und damit beginnt der lange Weg der Bewusstwerdung, auf dem das Denken als Mittler zwischen Seele und Körper wirkt, um diesen stufenweise für die Eindrücke und Impulse der Seele empfänglich zu machen.

Die sieben Chakras, die unsere geistig-seelische Entwicklung spiegeln, sind bestimmend für unser Bewusstsein, aber auch für alle Funktionen des physischen Körpers, denn durch sie erhält der Körper seine Lebensenergie. Diese Lebensenergie (Prana) wird durch die Chakras über das *ätherische Nervensystem* und die *endokrinen Drüsen* in den physischen Körper geleitet.

Denn jedes der sieben Chakras oder ätherischen Zentren ist verbunden mit einer der sieben endokrinen Drüsen, und es transportiert Energie in den jeweiligen Körperbereich, in dem es sich befindet.

Krankheit oder Gesundheit, Wohlbefinden oder Disharmonie hängen also weitgehend von der Entwicklung und Funktion dieser Zentren ab, denn sie lassen die notwendige Lebenskraft in den jeweiligen Körperbereich fließen und steuern das gesamte Drüsensystem. Und dieses hat einen viel stärkeren Einfluss auf unseren Charakter als es die Medizin bis heute erforscht hat.

So ist das Thema der Chakras[6] auch von überragender Bedeutung, um das Wesen eines Menschen richtig einzuschätzen. Es betrifft jede Sphäre menschlichen Lebens und folglich auch den Tod, die Art unseres Sterbens, aber auch die Lebenssphäre, in der wir uns nach dem physischen Tod aufhalten.

3. Der Astralkörper oder Emotionalkörper

Der Astralkörper ermöglicht dem Menschen, seine Wünsche und Begierden, aber auch seine Gefühle und Empfindungen in der materiellen Welt zu erleben und auszudrücken. Er entsteht durch das wechselseitige Einwirken von Begierden und Gefühlsreaktionen auf die ›Seele im Innern‹ und bewirkt ihre Bindung an die materielle Welt.

Gefühle und Emotionen sind daher ein Wesensmerkmal des Astralkörpers und lassen in Verbindung mit dem Denken unsere **Psyche** entstehen, die sich durch ein ausgeprägtes *Ich-Gefühl* zum Ausdruck bringt. Und dieses Ich-Gefühl, aus dem alle Wünsche und Begierden, aber auch unsere Träume entstehen, entwickelt sich im Zuge der menschlichen Bewusstwerdung zeitweilig zu einer eigenständigen bestimmenden Kraft, die sich den Zielen der Seele widersetzt. Denn sie veranlasst den Menschen lange Zeit, sein Glück, seine Befriedigung und die Erfüllung seines Lebens im Sichtbaren und

---

[6] ausführlich in: Gunda Scholdt, *Das Erwachen der Seele*, S. 113

Sinnlich-Erfahrbaren zu suchen und dadurch die Seelen-Impulse in den Hintergrund zu drängen.

4. Der Mentalkörper

Nicht das Gehirn, das nur Gedanken empfängt, sondern der Mentalkörper befähigt uns zu denken, und auf diese Weise können wir im Materiellen Dinge erschaffen.

Diese Fähigkeit, durch Gedankenkraft zu erschaffen, unterscheidet uns vom Tier und von der übrigen Natur, und dadurch besitzen wir die Freiheit der eigenen Entscheidung, die uns potentiell zum Schöpfer unserer eigenen Lebensumstände macht. Denn allem Geschehen im Physischen geht ein gedanklicher Impuls voraus. So gewinnt der Mensch mit der Fähigkeit zu denken eine größere Freiheit, gleichzeitig besteht aber auch die Gefahr der inneren Abspaltung vom größeren Ganzen, solange die Einheit des Lebens gedanklich noch nicht erfasst wird.

Der Mentalkörper, der uns befähigt, konkret, logisch und verstandesmäßig zu denken, bildet die wichtigste Voraussetzung für die Entwicklung einer integrierten, selbstbewussten Persönlichkeit, die sich durch Selbständigkeit und Selbstbestimmung auszeichnet.

Auf einer höheren Ebene stellt er aber auch die Verbindung zur Seele her, in dem Maße, wie unser Denken immer umfassender wird und zunehmend in abstrakte geistige Bereiche hineinreicht.

Die Entwicklung zur Persönlichkeit

Diese vier Körper, die im Zuge der Persönlichkeitsentwicklung zu einer Einheit verbunden werden müssen, sind die ›schwingenden Hüllen‹, die die Seele umgeben, um ihr den Kontakt mit den drei materiellen Welten zu ermöglichen.

So gibt es auch eine Beziehung zwischen:
• Mentalkörper und Mentalebene
• Astralkörper und Astralebene
• Ätherkörper und Ätherebene

Und wenn es dem Menschen schließlich durch gelebte Erfahrung gelungen ist, diese Ebenen der Wahrnehmung und des Selbstausdrucks in sich harmonisch zu verbinden, ist er zu einer Persönlichkeit geworden, die einheitlich denken, fühlen und handeln kann. Weil dies aber erst gelingt, wenn die drei Körper verbunden sind und durch das Denken kontrolliert werden, ist es verständlich, dass diese Entwicklung viel Zeit braucht.

So befinden wir uns heute auch noch in einem Stadium der Massenphänomene, der Massentrends und einer medialen Abhängigkeit, denn erst wenn sich ein Mensch durch ein eigenständiges Denken von äußeren Beeinflussungen befreit, gewinnt er eine Individualität, die ihn zu einer selbstbestimmten Persönlichkeit macht.

Diese Individualisierung, die mit der Persönlichkeitsentwicklung einhergeht, hat aber auch ihre Schattenseiten, obwohl sie einen Fortschritt im Menschheitsbewusstsein darstellt.

Ist die **Persönlichkeit** doch gekennzeichnet durch eine *egozentrische Haltung*, weil Eigenbewusstsein und Selbstbestimmung nur durch Trennung von anderen erreicht werden können. *Selbstbezogenheit* ist daher das Merkmal einer sich entwickelnden Persönlichkeit, und die Motivation des Handelns bilden *Ehrgeiz*, *Leistungsdenken* und die *Konkurrenz* zu anderen. Diese trennenden Verhaltensweisen müssen im Laufe der Zeit aber überwunden werden, denn für fortgeschrittene

Menschen sind Abgrenzung und Egoismus ein Haupthindernis für die geistige Entwicklung.

Die Phase der auf sich selbst konzentrierten Persönlichkeit, die vorwiegend Eigeninteressen kennt und sich als »dramatisches Ich« im Zentrum des Weltgeschehens erlebt, ist ein notwendiges Zwischenstadium, um Eigenbewusstsein zu entwickeln. Doch mit zunehmender seelischer Reife wächst der Mensch über dieses Stadium hinaus und beginnt, sich für die unermessliche Weite des Seelenbewusstseins zu öffnen.

So scheint der Sinn der vielen Reinkarnationen auch darin zu liegen, die Körper in ihrer Eigenschwingung zu erleben, aber auch in ihrer Begrenztheit zu erfahren, um schließlich zu entdecken, dass die Körper nur die Hüllen, aber nicht unser Selbst sind.

Denn jede Erfahrung, jede Erkenntnis und alles in der körperlichen Umhüllung erlangte Wissen lässt uns unser wahres Selbst immer deutlicher wahrnehmen. Und diese Selbsterkenntnis, die mit jeder Inkarnation besser wird, gewinnen wir im Wechsel von Leben und Tod, im Auf- und Absteigen auf der Stufenleiter der »3 Welten menschlicher Evolution«.

Diese drei Welten sind:
• Physisch-ätherische Ebene,
• Astralebene,
• Mentalebene,

die unsere Erde als feinstoffliche Hüllen oder Lebenssphären umgeben. Sie sind das Erfahrungsfeld des Menschen während er physisch inkarniert, aber auch wenn er gestorben ist, und sie bleiben lange Zeit die einzigen Welten, die wir als Realität wahrnehmen.

DIE »3 WELTEN MENSCHLICHER EVOLUTION«

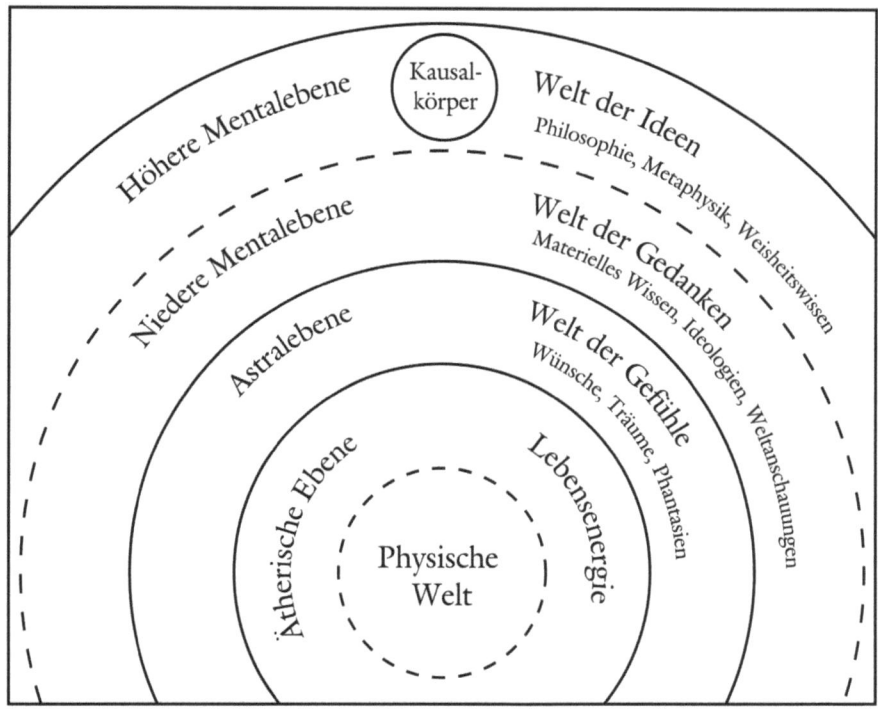

Die physische Ebene – Die äußere Welt

Die physische Welt ist die Ebene der aktiven Erfahrung in und durch die Materie. Sie ist die Ebene, auf der wir äußerlich sichtbar in Erscheinung treten.

Diese Welt, wie auch unser physischer Körper, ist uns allen vertraut. Doch ein Teil des Physischen – die ätherische Ebene – entzieht sich weitgehend unserer Wahrnehmung, obwohl sie der Träger und Vermittler der Lebensenergie und aller höheren Energien und Impulse ist, die uns in unserem Körper auf der physischen Ebene erreichen.

Wenn wir aber einen Teil der physischen Welt – die ätherische Ebene – im allgemeinen noch nicht wahrnehmen, wo liegt dann unsere Hauptkonzentration? Bei der Mehrheit der Menschen dieser Welt ist das Bewusstsein physisch-astral: die Hauptkonzentration ist also auf der physischen Ebene und der Astralebene. Auf fortgeschrittener Entwicklungsebene ist der Schwerpunkt des Bewusstseins aber bereits auf der Mentalebene, was durch die Schulpflicht sehr gefördert wird.

Die Astralebene — Die innere (Empfindungs-)Welt

Die Astralebene ist die erste feinstoffliche Welt, die dem physischen Auge nicht mehr sichtbar ist. Sie hat einen unmittelbaren Bezug zu unserem inneren Erleben, denn sie umfasst die gesamte Gefühls- und Wunschsphäre des Menschen. Sie ist die Welt, in der wir uns nachts vorwiegend aufhalten und aus der uns die Traumbilder erreichen, die wir bruchstückhaft in unser Tagesbewusstsein hinunterbringen. Doch was ist die Astralebene wirklich? Ist sie real oder ist sie nur ein Traum, eine Phantasie, eine Halluzination?

Die Astralebene ist eine Parallelwelt der physischen Welt, und sie ist heute noch eine real existierende Daseinsebene, auf der unsere inneren Vorstellungen und Wünsche, so wie wir sie uns ausmalen, aber auch unsere Gefühle, Stimmungen, Ängste und Emotionen Gestalt annehmen und auf die physische Ebene einwirken. Sie ist die Welt der Phantasie, des Traumgeschehens, der inneren Vision, aber auch der Verblendung. Denn aus geistiger Sicht besitzt sie keine Realität, weil sie nur eine Spiegelung ist, die vom Menschen durch seine Vorstellungskraft selbst erschaffen wurde.

Langfristig ist sie dazu bestimmt, die Göttliche Liebe zu reflektieren. Doch solange unsere Liebesfähigkeit die Seele noch nicht einschließt, ist sie die Ebene, auf der sich Liebe als Begehren manifestiert, das die Ziele, Wünsche und Träume der Mehrheit der Menschen bestimmt.

So ist die Astralebene auch die Bewusstseinswelt, die für die meisten den größten Teil ihres inneren Erlebens ausmacht, weil alle Gefühle, Emotionen, Leidenschaften oder ehrgeizigen Bestrebungen uns mit dieser Existenzebene verbinden. Sie ist der »große Kampfplatz der menschlichen Psyche«, denn auf ihr spiegelt sich die grundlegende Dualität der Schöpfung – Geist und Materie – in den großen Gegensatzpaaren des Gefühlslebens. Diese bestimmen unsere allgemein erlebten Hochs und Tiefs, Gefühle von Liebe und Hass, Freude und Leid, Sympathie und Antipathie, und sie lassen uns Zeiten der Dunkelheit und des Lichts wahrnehmen, die sich im Leben eines Menschen abzuwechseln scheinen, ohne dass er sie bewusst beeinflussen kann. Und solange wir dies glauben, wird es auch so sein.

Doch in Wahrheit ist es nicht so. Denn die Astralebene ist eine Welt der Verblendung, Täuschung und Illusion, die auf der begrenzten Wahrnehmung des menschlichen Denkens beruht, das sich von den trügerischen Bildern der 5 Sinne täuschen lässt. Die Astralebene – die Spiegelung unserer Gefühle, Phantasien und Begierden – ist zwar substanziell, aber aus geistiger Perspektive nicht wirklich, denn sie besitzt kein eigenes Licht.[7]

Gegenwärtig – und wohl noch für lange Zeit – ist sie aber auch die Welt, in der sich Verstorbene eine Zeitlang aufhalten. Denn unmittelbar nach dem physischen Tod steigt ein Mensch in die Astralebene auf, um durch Resonanz auf die eigenen Gefühle das eigene Bewusstsein zu erleben. So ist es auch ganz entscheidend mit welcher Einstellung wir unser physisches Leben beenden.

Waren unsere Gefühle im Augenblick des Todes friedlich, positiv, verzeihend, werden wir uns nach dem Tod in einer eben solchen Gefühlswelt wiederfinden. Waren sie negativ, trennend, hasserfüllt, wird die Nach-Toderfahrung genauso sein, denn unsere eigenen Vorstellungen verdichten sich auf dieser Ebene zu einer scheinbaren Realität.

Dies ist der Grund, warum die Vorstellung von Paradies und Hölle, die eine Projektion des menschlichen Bewusstseins sind, in den verschiedenen Religionen so unterschiedlich dargestellt werden. Und auch hellsichtige Medien empfangen ihre Eindrücke und inneren Bilder aus die-

---

[7] Vergleichbar dem Mond, der das Licht der Sonne reflektiert.

ser Ebene entsprechend ihrer eigenen Vorstellungswelt. So sind ihre Wahrnehmungen – so real sie auch erscheinen mögen – auch nicht immer zutreffend, denn erst auf weit entwickelter Ebene ist es möglich, mit geistiger Klarheit auf diese Ebene zu blicken und die Unwirklichkeit menschlicher Schöpfungen vom Wirklichen zu unterscheiden.

Die Mentalebene

Die Mentalebene[8] ist die Ebene des Denkens, auf der sich alle Gedanken manifestieren. Sie ist unterteilt in eine niedere und eine höhere Ebene.

Die niedere Mentalebene

Sie ist die Welt der konkreten Gedanken und des materiellen Wissens. Auf ihr manifestieren sich die gedanklichen Schöpfungen der Menschen in ihrer Gesamtheit. Doch auf dieser Ebene ist das Denken noch nicht rein, sondern gefärbt von Wünschen, Gefühlen und Ehrgeiz, die die egoistischen Ziele der meisten Menschen lenken. Daher ist das konkrete Denken – solange es noch nicht von der Seele erleuchtet wurde – auch geprägt von Irrtümern und Illusionen, weil sich ein Mensch getrennt von der Gesamtschöpfung sieht und als isoliertes Einzelwesen begreift.

Und solange das so ist, bewegt sich unser Bewusstsein, das durch *Denken*, *Fühlen* und *Handeln* zum Ausdruck kommt, in dieser dreifachen materiellen Welt. Sie ist auch der Bereich des Erlebens, den die Psychologie schwerpunktmäßig betrachtet und dem die Psychoanalyse oder andere Therapieformen im allgemeinen ihre Aufmerksamkeit schenken. Es gibt aber auch eine höhere Ebene des Denkens, die bisher kaum Beachtung findet.

Die höhere Mentalebene

Auf der höheren Mentalebene, die auch als **Kausalebene** bezeichnet wird, ist der Kausalkörper[9] der Seele verankert. Sie ist die Ebene, aus der wir *Licht*, *Erkenntnis* und *Erleuchtung* erhalten, wenn sich unser

---

[8] ausführlich in: Gunda Scholdt, *Das Erwachen der Seele*, S. 88

[9] Gunda Scholdt, *Das Erwachen der Seele*, S. 378

Denken für sie öffnet. Sie wird von uns aber noch selten bewusst wahrgenommen, und so wird das Denken allgemein auch nur mit dem konkreten Verstand oder dem Intellekt gleichgesetzt, der sich auf die niedere Sphäre der Mentalwelt begrenzt. Doch unsere Denkkraft ist viel größer und umfassender als wir bisher erkannt haben, denn sie ist es, die uns mit der geistigen Welt verbindet.

Und sobald sich unser Bewusstsein für diese Welt öffnet und die Wesensgleichheit zwischen beiden Sphären erkennt, schaffen wir denkend eine Brücke zur Seelenwelt, aus der uns nun ständig höhere Energien erreichen, die unser Denken und unseren Körper mit Licht erfüllen und so stufenweise erleuchten.

Die Erleuchtung des Denkens liegt für die Mehrheit der Menschen aber noch in der Zukunft. Denn solange unser Denken sich weitgehend auf die physische Welt, unseren Körper und unsere Gefühle begrenzt, bleibt es vor allem mit der Astralwelt verbunden, die keine erleuchtende Kraft mehr besitzt.

So gibt es in unserem Denken auch eine Bewusstseinslücke zwischen der **Welt der Wirkungen** und der **Welt der Ursachen**, aus der die vielfältigen Energien und Bewusstseinsströme ständig in die Welt der Formen fließen, um im Menschen im Laufe der Zeit eine bewusste Reaktion zu erreichen. Und solange diese Lücke bestehen bleibt, werden wir die Ursachen unserer Lebensumstände nicht verstehen, die durch das Gesetz von Ursache und Wirkung, das **Karma-Gesetz** bestimmt werden.

Weil dieses Gesetz im Westen aber noch weitgehend unbekannt ist, scheint unser Leben oft sinnlos, unverständlich, ungerecht und schwer zu sein. Denn es ist nicht immer leicht, die zentrale Aufgabe und die Lernschritte zu entdecken, die in den schicksalhaften Ereignissen unseres Lebens verborgen sind. Doch wenn wir die jetzige Inkarnation als Folge der vorhergehenden und unsere heutigen Handlungen als bestimmend für die Zukunft begreifen könnten, würde sich die Sicht auf unser Leben grundlegend verändern.

DAS KARMA–GESETZ

Das ›Gesetz von Ursache und Wirkung‹, das im Osten als ›Karma-Gesetz‹ bezeichnet wird, ist grundlegend für das Leben und die Entwicklung unserer Erde wie auch des Menschen.

Karma bedeutet ›Handlung‹ und bezeichnet sowohl die Kraft, die in unseren Handlungen verborgen liegt, als auch die Ergebnisse, die unsere Handlungen hervorbringen. Über Karma, das im Osten als treibende Kraft hinter der Wiedergeburt betrachtet wird, ist sehr viel geschrieben und berichtet worden, das einer Überprüfung sicher nicht standhält. Ist es doch ein äußerst komplexes Thema, das auch hier nicht erschöpfend behandelt werden kann. Doch beim Thema Tod kann es nicht fehlen, weil es sich als natürliche Folge aus dem Gesetz der Evolution ergibt.

Was ist Karma also wirklich?

Vereinfacht ausgedrückt bedeutet es in der Praxis, dass alles, was wir – denkend, fühlend und handelnd – tun, entsprechende Folgen hat. Selbst die kleinste Handlung trägt bereits all ihre Konsequenzen in sich.

Dieses Wissen ist im Osten unbestritten, aber auch im Westen wird dieser Begriff zunehmend populär, allerdings eher im Scherz, ohne wirklich daran zu glauben. Hat der ›aufgeklärte‹ westliche Mensch doch gerade erst die absurde christliche Vorstellung eines eher ›einfältigen‹ Himmels, wie auch die Idee »*der ewigen Qualen in einer Hölle, dem Pfuhl, der mit Feuer und Schwefel brennt*« abgelegt. Und nun soll er gleich wieder eine neue Einschränkung seiner persönlichen Freiheit erfahren, durch ein vermeintlich kosmisches Gesetz, das den eigenen Willen einer ›Moral‹ unterwirft? Auf dieser Überlegung gründet wohl die schroffe Ablehnung, die die Vorstellung einer überpersönlichen ausgleichenden Gerechtigkeit bei denen hervorruft, die an eine uneingeschränkte persönliche Freiheit glauben.

Und dennoch ist das ›Gesetz von Ursache und Wirkung‹ in jeder Religion der Welt zu finden, wenn auch nicht immer so offensichtlich wie im Hinduismus oder im Buddhismus, der im *Karma* das Schicksal jedes Menschen begründet sieht, weil es die Lebensumstände bedingt.

So lehrte Buddha: »*Übersieh negative Handlungen niemals, nur weil sie klein sein mögen. (…) Denn du bist, was du warst; und du wirst, was du tust.*«

Und Padmasambhava, ein großer Meister des tibetischen Buddhismus, präzisiert: »*Wenn du dein vergangenes Leben kennenlernen willst, schau deine jetzigen Umstände an; wenn du dein zukünftiges Leben erkennen willst, schau deine gegenwärtigen Handlungen an.*«

Im Buddhismus hat das Karma-Gesetz eine reale Bedeutung im Alltag und bildet die Basis einer Lebens-Ethik, weil es eine Verantwortung impliziert, die jeder Mensch für sich, aber auch für die Umwelt trägt. Im Westen ernten wir häufig ein ironisch-mildes Lächeln, wenn wir dieses Thema ansprechen, weil Karma im christlichen Glauben anscheinend keine Erwähnung findet. Doch dies ist nur scheinbar so.

In der Bibel finden wir ebenfalls Hinweise auf dieses Gesetz, wenn wir nur danach suchen. So sagt Paulus beispielsweise: »*Was immer ein Mensch sät, das wird er ernten*«. Und Jesus rief seine Jünger auf: »*Darum seid vollkommen, gleichwie euer Vater im Himmel vollkommen ist*«.

Und wer möchte wohl annehmen, dass dies in einem einzigen Leben geschehen kann? Vielmehr bedeutet es, dass der Mensch durch ständige Wiedergeburten die Erkenntnis der Folgen seines Handelns begreift und ändert, und so schließlich »*zum vollendeten Maß der Fülle Christi*« gelangt. Denn nur durch ständige Wiederkehr der inkarnierenden Seele in die Schule des irdischen Lebens ist Vollkommenheit erreichbar, was die großen Meister wie Christus, Buddha u.v.a. bezeugen.

Auch Origenes, einer der einflussreichsten christlichen Kirchenväter, glaubte an eine ›Vorexistenz der Seelen‹. Er schrieb im 3. Jahrhundert: »*Jede Seele kommt gestärkt durch die Siege oder geschwächt durch die Niederlagen aus vergangenen Leben in diese Welt.*«

Wiedergeburt sollte allerdings nicht mit »Seelenwanderung« verwechselt werden, wie es im Westen, aber auch in buddhistischen Kreisen zuweilen verstanden wird. So können wir hier auch der Auffassung begegnen, dass schlechte Taten eine Wiedergeburt in einen Tierkörper zur Folge haben, was aus esoterischer Sicht ganz sicher nicht richtig ist.

»... das Verpflanztwerden eines menschlichen Wesens in den Körper eines Tieres oder sogar in noch niedrigere Lebensformen (...) ist nie und nimmer der Fall. Gottes Leben entfaltet sich Stufe um Stufe, von niederen zu immer höheren Erscheinungsformen. In den niederen Lebensbereichen (unterhalb des Menschengeschlechtes) geht das Leben aufsteigend von mineralischen in pflanzliche Erscheinungsformen über, und von pflanzlichen in tierische; von der Stufe tierischer Formen geht sodann das Leben ins Reich der Menschen über, und von hier an unterliegt es dem Gesetz der Wiedergeburt, aber nicht dem Gesetz der Seelenwanderung. Diejenigen, die über das Gesetz der Wiedergeburt (oder Reinkarnation) wirklich etwas wissen, müssen über ein solches Mißverständnis lächeln.«   Djwhal Khul

Damit das Karma-Gesetz auch im Westen mehr Anerkennung findet, scheint es mir wichtig zu sein, es von allem Mystischen und Mythenhaften zu befreien. Wenn wir es auf seine Essenz reduzieren, bedeutet es einfach, dass jede neue Inkarnation von dem bestimmt wird, was in der Vergangenheit nicht erfüllt wurde, was falsch war, unterlassen wurde und somit noch zu erkennen und zu verstehen ist. Und all dies ist als Same im »Gedächtnisspeicher« der Substanz unserer Körper aufbewahrt, um zu gegebener Zeit zur Reife zu gelangen.

Allerdings ist Karma nicht nur Unglück, sondern auch Glück. Es gibt sowohl gutes wie schlechtes Karma, je nach unseren Handlungen. Überdies sind wir diesem Karma auch nicht auf fatalistische Weise ausgeliefert, sondern wir haben die Möglichkeit, durch Gedankenkraft positiv darauf einzuwirken, was allerdings eine gewisse Entwicklung voraussetzt.

Folglich gibt es auch verschiedene Arten von Karma, die ein Mensch – je nach Reife – verantwortlich auf sich nehmen muss:

- Gruppenkarma auf einer elementaren Entwicklungsstufe
- Individuelles Karma des eigenbewussten Menschen
- Nationales Karma
- Menschheitskarma

sowie ein sogenanntes »Erziehungskarma«, das ein Mensch sich auf dem »Geistigen Pfad« selbst auferlegt. Hinzu käme noch ein Welten-Karma, aber das übersteigt unseren Verantwortungsbereich.

Und wie wirkt sich das Karma praktisch aus?

Karma bedingt die Qualität der feinstofflichen Körper[10], mit denen die Seele sich in jeder neuen Inkarnation umgibt. Dies berührt natürlich den Bereich von Krankheit und Gesundheit des physischen Körpers, aber auch der Psyche, die sich aus der Art und Qualität der emotionalen und mentalen Natur eines Menschen ergeben. Karma kommt also durch die Gesamt-Persönlichkeit zum Vorschein, die das Ergebnis aller früheren Inkarnationen ist. Und dies gilt auch für Nationen und die gesamte Menschheitsentwicklung.

»Das Gesetz von Ursache und Wirkung (oder das Karma) beherrscht alle Krankheit. Dieses Gesetz umfaßt das individuelle, gruppeneigene, nationale und gesamtmenschliche Karma. (…) Die so häufige Frage nach dem ›Warum?‹ bringt stets und unvermeidlich den Faktor von Ursache und Wirkung zur Sprache.

Die Begriffe Vererbung und Umwelt sind ein Versuch, bestehende menschliche Verhältnisse zu erklären; Rassenmerkmale, nationale Charakterzüge und Ideale beweisen, daß es eine Welt wirkender Ursachen gibt. Geschichtliche Verhältnisse, die Beziehungen zwischen den Völkern, soziale Tabus, religiöse Überzeugungen und Tendenzen lassen sich alle auf – zum Teil uralte – Verursachungen zurückführen.

Alles, was heute in der Welt geschieht und so tiefgreifend auf die Menschheit einwirkt – Schönes und Schreckliches, Lebensgewohnhei-

---

[10] siehe S. 38

*ten, Zivilisation und Kultur, Vorurteile und Neigungen, wissenschaft-
liche Errungenschaften und Kunst, kurz alles, was in so mannigfalti-
ger Weise dem Leben der Menschheit auf unserem Planeten Farbe
verleiht, sind Aspekte von Wirkungen, die irgendwann einmal irgendwie von Menschen, sowohl von einzelnen als auch von der Masse,
verursacht wurden.*

*Karma ist daher das, was der Mensch (…) – im Lauf der Zeiten bis
zum gegenwärtigen Augenblick – ins Werk gesetzt, fortgeführt, gut-
geheißen, unterlassen oder recht getan hat. Heute ist die Ernte reif
und die Menschheit erntet, was sie gesät hat, als Vorbereitung auf ein
neues Pflügen im Frühling des neuen Zeitalters, mit frischer Aussaat,
die (so hoffen und beten wir) eine bessere Ernte hervorbringen wird.«*

Djwhal Khul

Wenn wir den Gedanken der karmischen Verantwortlichkeit weiter-
denken, stellt sich natürlich die Frage nach dem freien Willen des
Menschen. Diesen gibt es, sobald wir unsere Denkkraft nutzen, um
unserem Leben eine Richtung zu geben, die mit dem Willen der Seele
in Einklang ist.

*»Das vom Menschen geschaffene Karma kann geändert und wieder
rückgängig gemacht werden; das wird oft vergessen. Karma ist keine
starre Regel, es läßt sich in dem Maße ändern, wie der Mensch denkt
und was er wünscht. Karma bietet die Gelegenheit zu einer Änderung;
sie ergibt sich aus früheren Aktivitäten, und wenn man diese in der
rechten Weise handhabt, dann legt man den Grundstein für zukünftiges Wohlergehen und Fortschritt.*

*Darin liegt ein Schlüssel zu dem schwierigen Problem des freien Wil-
lens. Man könnte sagen, daß es – hinsichtlich des Tuns und Treibens
im Menschenreich – für einen intelligenten Menschen innerhalb der
Grenzen einer klugen Einstellung zum Leben einen freien Willen
gibt. Falls keine Denkfähigkeit vorhanden ist, und wenn die Kraft zu
unterscheiden, zu analysieren und zu wählen fehlt, dann gibt es keinen
freien Willen. Innerhalb der ungleich größeren Auswirkungen des
Schöpfungsplanes, der die ganze planetarische Entwicklung umfaßt,
gibt es für den Menschen, diese winzige Zelle, keinen freien Willen.*

Er ist zum Beispiel dem ›Wirken und Walten Gottes‹ unterworfen, und dieser höheren Gewalt gegenüber ist er völlig hilflos. Er hat weder eine Wahl noch kann er sich einem Beschluß Gottes entziehen. Hierin liegt ein Hinweis auf die Auswirkung von Karma im Menschenreich; Karma und weitsichtige Verantwortlichkeit sind unlöslich miteinander verflochten und verwoben.«
Djwhal Khul

Aus dieser Tatsache ergibt sich aber ganz deutlich, wie wichtig unsere **Denkkraft** für die Gestaltung unseres eigenen Lebens ist. Denn Karma ist kein unentrinnbares, schreckliches Geschehen. Es kann geändert und neutralisiert werden, in dem Maße, wie sich unser Denken – und in Folge auch unser Handeln – ändern.

Daraus folgt, dass es keinesfalls ratsam ist, in Passivität zu verharren und einfach abzuwarten, bis das vermeintliche Unheil vorüber ist, oder sich als Opfer einer unlösbaren Situation zu betrachten. Vielmehr sollten karmische Ereignisse, die sich als Krankheit oder Schicksalsschläge zeigen, uns veranlassen, nach den Ursachen zu forschen, um die Folgen in den richtigen Bedeutungszusammenhang zu bringen. Denn häufig vergessen wir, was wir tun, und die Ergebnisse unserer Handlungen holen uns erst sehr viel später – oft erst in künftigen Leben – ein, und so sind wir nicht mehr in der Lage, sie auf ihre Ursachen zurückzuführen. Natürlich erklärt dies auch die erstaunlichen Unterschiede der Menschen, die vielleicht im gleichen Land, unter ähnlichen Umständen, sogar in derselben Familie geboren werden, und doch so ganz anders auf die gleichen Lebenssituationen reagieren.

Welche Lehre können wir also für unser Leben aus dem Wissen um das in der Welt wirkende Karma ziehen?

Karma ist kein Glück oder Pech, das uns unverschuldet trifft. Es manifestiert sich als Folge unserer eigenen Vergangenheit, aus der wir lernen können. So haben wir auch zu jeder Zeit die Wahl, unser Leben, unser Denken und unser Handeln zu ändern, um schon in der Gegenwart unsere Zukunft zu gestalten und zum Schöpfer unseres eigenen Lebens zu werden. Denn die Art unserer Existenz, die uns in der nächsten Inkarnation erwartet, bestimmen wir jetzt durch die Absicht und Motivation unseres Handelns in diesem Leben.

Dies ist im wesentlichen auch die Basis der buddhistischen Ethik, in der das Wissen um Karma eine praktische und lebendige Bedeutung im Alltag hat. Weiß man doch:

»Destruktives Handeln führt immer nur zu Schmerzen und Leiden; wenn wir konstruktiv handeln, erfahren wir als Ergebnis schließlich Glück.« Sogyal Rinpoche

Und was führt am Ende aus diesem unendlichen Kreislauf aus Schmerzen und Leiden heraus?

»Wenn wir aber das Gesetz von Karma respektieren und ein gutes Herz voller Liebe und Mitgefühl entwickeln, wenn wir unseren Bewusstseinsstrom reinigen und allmählich die Weisheit der Natur unseres Geistes erwecken, dann endlich können wir im wahrsten Sinne der Bedeutung Mensch werden und letztlich Erleuchtung erlangen.« Sogyal Rinpoche

Doch auch in unserem Kulturkreis ist diese Weisheit überliefert:

»Achte auf Deine Gedanken, denn sie werden Worte,
Achte auf Deine Worte, denn sie werden Handlungen,
Achte auf Deine Handlungen, denn sie werden Dein Charakter,
Achte auf Deinen Charakter, denn er wird Dein Schicksal.«
Aus dem Talmud

DER MENSCH –
EIN WANDERER ZWISCHEN
LEBEN UND TOD

DIE DUALITÄT DES LEBENS

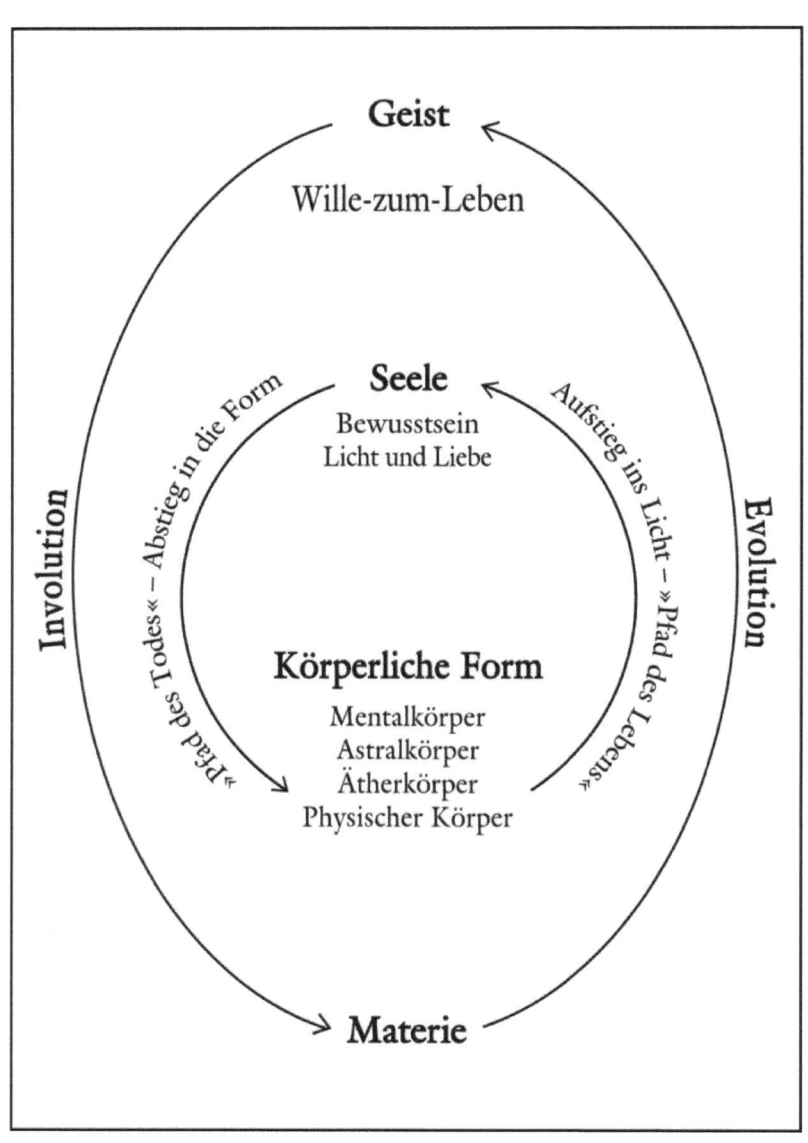

DER TOD – EIN UNIVERSALES PHÄNOMEN

Die Esoterik betrachtet den Akt des Sterbens als ein großes universelles Ritual, das unser ganzes planetarisches Leben beherrscht. Doch nur in der Menschheit und andeutungsweise, nur ganz schwach, auch im Tierreich findet man die Furchtreaktion.

»Wenn ihr nur die ätherische Welt so sehen könntet, wie diejenigen auf der inneren Seite sie erfahren und schauen, würdet ihr erkennen, wie der große planetarische Akt der Rückerstattung unaufhörlich und pausenlos vor sich geht.

Ihr würdet sehen, daß in der ätherischen Welt eine großartige Tätigkeit im Gange ist; da bringen die Anima Mundi, die Weltseele, die Tierseele und die Menschenseele ständig die Substanz aller physischen Formen wieder in das große Sammelbecken der Wesenssubstanz zurück. Diese Wesenssubstanz ist eine ebenso lebendige, gelenkte Einheit wie die Weltseele (...).

Dieses Wechselspiel des Todesprinzips mit dem Prinzip des Lebens bewirkt die grundlegende Aktivität der Schöpfung.

Die antreibende, leitende Kraft ist das Denken Gottes, des planetarischen Logos, der im Verfolg seiner göttlichen Absichten bei diesem Vorgang alle die Hilfsmittel bei sich hat, durch die Er sich manifestiert.

Mit dem Fortschreiten der Zeit und noch vor dem Ende des nächsten Jahrhunderts wird man endgültig erkennen, daß es den Tod in dem Sinne, wie man ihn heute versteht, nicht gibt. Die Kontinuität des Bewußtseins wird so allgemein entwickelt sein, und so viele der höchsten Menschentypen werden in den beiden Welten gleichzeitig wirken, daß die alte Furcht vergehen wird. (...)«

Djwhal Khul

Allgemein betrachtet gibt es zwei Hauptlinien der Evolution: Eine, die mit der **Materie** und der **Form**, und die zweite, die mit der **Seele**, dem Bewusstseinsaspekt, dem Denker in der Form, zu tun hat.

Der Weg und der Verlauf des Fortschrittes ist für beide verschieden.

Wie schon erwähnt, identifiziert sich die Seele lange Zeit hindurch mit dem Formaspekt und strebt danach, dem »Pfad des Todes« zu folgen, denn das ist das Erdenleben, solange ein Mensch sich kraft seines eigenständigen Denkens mit der Materie identifiziert.

Später hört diese Identifizierung durch angestrengtes Bemühen auf. Die Seele wird ihrer selbst gewahr und folgt nun dem »Lichtpfad«, der Leben ist.

Natürlich sind beide Pfade eine Zeitlang richtig, solange die Seele durch die Erfahrung in der Materie Lehren zieht. Die Impulse, die im physischen Körper oder im Astralkörper verborgen liegen, sind an sich nicht falsch. Sie werden aber verkehrt, wenn wir sie weiter verfolgen, obwohl die nächste Phase der Entwicklung erreicht ist.

Die Prinzipien dieser beiden Entwicklungswege sind voneinander getrennt und verschieden, und das muss jeder Mensch im Laufe der vielen aufeinanderfolgenden Inkarnationen lernen.

Die **Seele** folgt der Linie der **Evolution** (Aufstieg aus der Materie), die **Materie** der Linie der **Involution** (Abstieg in die Materie).

So beruht der Tod als universales Phänomen auch auf diesen beiden kosmischen Schwingungen, dem Wechsel zwischen objektiver Manifestation oder physischem Leben und subjektiver Verdunkelung oder physischem Tod. Das könnte bildlich auch als das periodische Ausatmen Gottes bezeichnet werden, dem das Einatmen all dessen folgt, was durch die Evolution vorangebracht wurde.

Dieses Prinzip gilt im Großen wie im Kleinen, im makrokosmischen wie auch im mikrokosmischen Sinn.

Was veranlasst also den Tod auf jeder Ebene des Lebens?

Das Zurückziehen des ätherischen Körpers oder des Lebensprinzips aus der physischen Form tritt ein:

- Wenn das Verlangen aufhört. Dies sollte das Ergebnis jedes Evolutionsprozesses sein. Nach dem Gesetz tritt der wahre Tod deshalb ein, weil das Lebensziel erreicht wurde und somit das Streben aufhört.

- Durch Verlangsamung und allmähliche Abschwächung des zyklischen Rhythmus wird die angemessene Schwingung erlangt und das Werk vollendet. Darauf folgt die völlige Zerstörung der Formen.

In der materiellen Welt gibt es grundsätzlich drei Schwingungen:

Trägheit – Beweglichkeit – Rhythmus

Diese drei werden in der obigen Reihenfolge erlebt. Das Leben beginnt mit einem Zeitraum langsamer Tätigkeit, dem eine Zeit äußerst starker Bewegung folgt.

Diese mittlere Periode verursacht gelegentlich chaotische Zeiten des Experimentierens, des Erlebens und geistigen Verstehens, die jeder Mensch auf der Suche nach dem Sinn des Lebens erlebt.

Auf diese beiden Schwingungen folgt eine Epoche rhythmischen Lebens und der Stabilität, die zum Ausgleich dieser beiden gegensätzlichen Schwingungen (Trägheit – Beweglichkeit) führt. Sobald dieses Gleichgewicht in einer Inkarnation erreicht ist, folgt zwangsläufig der physische Tod.

Und dies geschieht auf folgende Weise:

Das Leben, das die physisch-ätherische Form beseelte, wird völlig auf die Kausalebene zurückgezogen.

Der Tod findet daher nur aus der physischen Perspektive statt. Aus geistiger Sicht ist es ein Zustand der Subjektivität, also nicht das, ›was nicht ist‹, sondern einfach das Esoterische oder Verborgene.

Wenn der ätherische Körper eines Menschen zerstört wird, besitzt er nicht mehr länger eine Anziehungskraft. Er wird unmagnetisch, und das große ›Gesetz der Anziehung‹ beherrscht ihn nicht mehr. So tritt nun für die Form das Zerfallsstadium ein. Die Seele lässt sich nicht mehr von ihrer Form auf der physischen Ebene anziehen, geht zum

Einatmen über und zieht ihr Leben aus der Hülle heraus. Der Zyklus geht zu Ende, denn das Ziel, das von Inkarnation zu Inkarnation jeweils verschieden ist, wurde erreicht. Und so bleibt nichts mehr, was noch begehrt werden könnte. Die Seele – die denkende Wesenheit – verliert das Interesse an der Form und wendet ihre Aufmerksamkeit nach innen. Ihre Polarisation ändert sich, und die physische Hülle wird schließlich fallen gelassen.

Dies führt auch zur Zerstrahlung der Atome des Ätherkörpers in ihren Urzustand. Das seelische Leben, das *Licht* und *Liebe* ist, wird zurückgezogen. Die Partnerschaft wird aufgelöst, die Form zerbricht, weil der Magnetismus, der die äußere Gestalt zusammengehalten hat, nicht mehr da ist.

Und so erreicht der Mensch von Inkarnation zu Inkarnation durch stetige Höherentwicklung sein Ziel. Denn in jedem neuen Leben nimmt er einen höher entwickelten physischen Körper mit größerer Empfänglichkeit an. Dieser ist auf einen höheren Ton gestimmt, ist dementsprechend mehr verfeinert und hat einen höheren Schwingungsgrad.

DER WECHSEL ZWISCHEN LEBEN UND TOD

Der Mensch in seiner Ganzheit ist stets zwei gegensätzlichen Kräften ausgesetzt. Er ist Geist und Materie zugleich, was dazu führt, dass sein Bewusstsein zwischen diesen Polen pendelt. Er ist ein »Wanderer zwischen zwei Welten«, der stirbt und wiedergeboren wird, um in einem langen Zyklus irdischer Erfahrung diese beiden Sphären vollkommen zu verschmelzen und so den Widerstreit zwischen Geist und Materie oder zwischen Dunkelheit und Licht zu beenden.

Und weil dies der eigentliche Sinn des menschlichen Lebens ist, tritt von Zeit zu Zeit der Tod ein, der die Seele wieder auf die eigene Ebene aufsteigen lässt, um mit einem neuen Körper und neuer Kraft den eigenen Entwicklungsprozess fortzusetzen. So gibt uns auch jede Reinkarnation, die auf den Tod folgt, einen Körper, der stets ein wenig höher schwingt als der vorhergehende. Denn die Erkenntnisse und Erfahrungen jedes Lebens werden im **Kausalkörper** – dem Körper der Seele – gespeichert und erhöhen das Lichtpotential des zukünftigen Körpers. Folglich lässt uns auch jeder Tod auf der Stufenleiter des Bewusstseins ein wenig höher steigen.

Der Tod wird daher von der Seele bewirkt, wenn die Lebensspanne zu Ende geht, und ist keinesfalls ein tragisches Ereignis, außer für die Hinterbliebenen, die einen empfindlichen Verlust erleben. Doch wäre es nicht einfacher, damit umzugehen, wenn wir wüssten, dass der Verstorbene nicht für immer verschwunden ist, sondern sich in höheren Erdsphären aufhält, mit dem gleichen Bewusstsein, das er zu Lebzeiten hatte?

»Der Mensch erkennt, daß er noch derselbe ist als wie zuvor, wenn auch ohne den Apparat, durch den er mit der physischen Ebene in Kontakt kommen kann. Er nimmt weiterhin die Gefühlszustände und die Gedanken derer wahr, die er liebt, obgleich er die dichte physische Hülle nicht wahrnehmen oder mit ihr in Berührung kommen kann. Er kann sich mit den ›Lebenden‹ auf der Astralebene oder auf

telepathischem Wege vermittels der Denkfähigkeit verständigen, wenn sie und er miteinander in Verbindung stehen.

Eine Verständigung, die den Gebrauch der fünf physischen Wahrnehmungssinne verlangt, liegt jedoch notwendigerweise außer seiner Reichweite.

Es ist indessen nützlich, sich vor Augen zu halten, daß der Austausch im Astral- und Mentalbereich enger und empfindungsstärker sein kann als zuvor, da er ja der Behinderung durch den physischen Körper nicht mehr unterworfen ist.«   Djwhal Khul

Und warum merken wir davon im allgemeinen nichts? Wieso schaffen wir es nicht, mit dem Verstorbenen in telepathischer Verbindung zu bleiben?

»Zweierlei stellt sich jedoch diesem Wechselwirken entgegen: das eine ist der Gram und die heftige emotionale Aufregung derer, die zurückgelassen wurden, und das andere ist – im Falle des Durchschnittsmenschen – des Menschen eigene Unwissenheit und Verwirrung, wenn er dem gegenübersteht, was für ihn neue Gegebenheiten sind; in Wirklichkeit handelt es sich jedoch um altbekannte Zustände, wenn er es nur erkennen könnte.

Wenn die Menschen einmal die Furcht vor dem Tode verloren und ein Verständnis für die Welt nach dem Tode erlangt haben, das sich nicht auf Halluzination und Hysterie, oder auf die (oft dummen) Folgerungen des durchschnittlichen Mediums gründet, das unter der Anleitung seiner eigenen Gedankenform spricht (die von ihm selbst und dem Teilnehmerkreis gebildet wurde), dann werden wir den Todesvorgang richtig beaufsichtigen und verfolgen können. Der Zustand der Zurückgebliebenen wird sorgfältig behandelt werden, so daß kein Verlust der Beziehung zu beklagen ist und keine falsche Energieverschwendung eintritt.«   Djwhal Khul

Es besteht heute ein großer Unterschied zwischen der wissenschaftlichen Kenntnis und der fürsorglichen Begleitung des Geburtsvorganges und der mangelnden Kenntnis über eine angemessene Sterbebegleitung. So scheint es auch Zeit zu sein, uns dem Jahrtausende alten zeitlosen Wissen wieder zu öffnen, das uns den Tod und Sterbevorgang in seinem Verlauf erklärt, der über die physische Ebene hinausgeht. Auf diese Weise könnte der Tod seinen Schrecken verlieren, denn in Wahrheit ist der Tod die Geburt in ein geistiges Leben, und die Geburt im Physischen der Tod des Geistigen. Die Kunst des bewussten Sterbens wäre daher etwas, das alle kranken Menschen erlernen könnten und worauf sich diejenigen, die bei guter Gesundheit sind, durch richtiges Denken und vernünftige Voraussicht vorbereiten sollten.

Die Angst und die starke Abneigung, die das Todesthema für gewöhnlich hervorruft, entstehen zum Teil auch dadurch, dass Menschen den physischen Körper zu wichtig nehmen, sich mit ihm oft vollkommen identifizieren, und sie beruht auch auf der angeborenen Furcht vor der Einsamkeit und dem Verlust alles bisher Vertrauten.

Wie tröstlich wäre es da, wenn wir den Worten des tibetischen Meisters Djwhal Khul glauben könnten:

»Und doch ist die Einsamkeit, die nach dem Tode eintritt, wenn der Mensch sich ohne physischen Körper wiederfindet, nichts im Vergleich zu der Einsamkeit bei der Geburt. Bei der Geburt findet sich die Seele in einer neuen Umwelt und in einen Körper versenkt, der zuerst gänzlich unfähig ist, für sich selbst zu sorgen oder mit den Umweltbedingungen einen intelligenten Kontakt aufzunehmen – und zwar eine lange Zeit hindurch. Der Mensch tritt in die Inkarnation ohne eine Erinnerung an die Identität der inkarnierten Seelengruppe, mit der er sich jetzt verbunden sieht, oder welche Bedeutung sie für ihn hat. Diese Einsamkeit schwindet erst allmählich in dem Maße, als er seine eigenen persönlichen Kontakte herstellt, wenn er diejenigen entdeckt, die ihm geistesverwandt sind, und wenn er schließlich jene Menschen um sich sammelt, die er seine Freunde nennt.

Nach dem Tode ist das anders, denn der Mensch findet auf der anderen Seite des Vorhangs alle diejenigen wieder, die er kennt und die mit ihm in seinem physischen Dasein verbunden waren; er ist niemals allein in dem Sinne, was die Menschen unter Einsamkeit verstehen.

Er ist sich auch derer bewußt, die noch im physischen Körper weilen; er kann sie sehen, kann sich in ihre Empfindungen versetzen und auch auf ihre Gedanken einstellen, denn das physische Gehirn, das ja bei ihm nicht mehr vorhanden ist, wirkt nicht mehr als Hinderungsgrund.

Wenn die Menschen nur mehr wüßten, so würden sie sich vor der Geburtserfahrung fürchten und nicht vor dem Tode, denn die Geburt wirft die Seele in das wirkliche Gefängnis, und der physische Tod ist nur der erste Schritt auf dem Wege zur Befreiung.«

Auch wäre es durchaus hilfreich zu erkennen, dass wir ja wiedergeborene Seelen sind und den Tod daher schon sehr oft erlebt und überlebt haben.

»Der Tod ist, – wenn wir es nur erkennen könnten – eines der Dinge, die wir am häufigsten erleben. Wir sind schon viele Male gestorben und werden auch immer wieder sterben. Der Tod ist hauptsächlich eine Bewußtseinsangelegenheit. In dem einen Augenblick sind wir bewußt auf der physischen Ebene, und einen Augenblick später haben wir uns auf eine andere Ebene zurückgezogen und sind dort aktiv bewußt.

Nur solange, als unser Bewußtsein sich mit dem Formaspekt identifiziert, wird der Tod für uns seinen alten Schrecken behalten. Aber sobald wir uns als Seelen erkennen und darauf kommen, daß wir fähig sind, nach Belieben unser Bewußtsein oder unseren Gewahrseinsinn in irgendeiner Form, auf jeder Ebene oder in jeder Richtung innerhalb der Formgestalt Gottes zu konzentrieren, werden wir keinen Tod mehr kennen.«
Djwhal Khul

Vielleicht könnten wir eine neue Perspektive auf dieses Thema gewinnen, wenn wir einmal Tod und Schlaf als vergleichbare Bewusstseinszustände betrachten. Haben wir jemals daran gedacht, dass wir jede Nacht in den Stunden unseres Schlafes für die physische Ebene sterben und woanders lebendig und tätig sind? Wir vergessen, dass wir schon eine Gewandtheit im Verlassen des physischen Körpers erreicht haben.

Denn was sind Träume[11] anders als ein Erleben auf anderen Ebenen des Bewusstseins? Doch weil unser Gehirn dieses Heraustreten aus dem physischen Körper und unsere nächtliche Aktivität noch nicht zuverlässig registriert, ist es uns unmöglich, Tod und Schlaf miteinander in Beziehung zu bringen.

Dies wird aber verständlicher, wenn wir unsere Kenntnis über die ›geistige Anatomie‹ des Menschen noch ein wenig erweitern, um eine Vorstellung davon zu bekommen, wie Seele und Körper miteinander verbunden sind. Das wird uns von der Medizin bisher nicht erklärt, weil sie die Seele aus ihrer wissenschaftlichen Betrachtung verbannt hat. So beschäftigt sich unsere heutige Naturwissenschaft auch ausschließlich mit dem physischen Körper, den sie erforscht, und kann dort logischerweise keine Seele finden, da diese reines Bewusstsein, also nicht stofflich ist.

Doch die Zeitlose Weisheit betrachtet den Menschen als »lebendige Seele« und nicht als Körper. Und der Tod betrifft nicht die Seele oder unser Bewusstsein, sondern die Persönlichkeit. Diese besteht – esoterisch betrachtet – aus einem physischen Körper, einem Ätherkörper, einem Astralkörper und einem Mentalkörper, die als schwingende Hüllen das Bewusstsein der Seele in einer Inkarnation begrenzen. Und diese Hüllen müssen sterben, nicht aber unser wahres Selbst!

Der Tod löst also nur eine zeitlich begrenzte Beziehung auf. Denn die Verbindung zwischen Seele und Körper wird durch den »Lebensfaden« aufrechterhalten, der vom Geist – über die Seele – bis in den ätherisch-physischen Körper reicht. Er ist sowohl im Kopf wie im Herzen verankert und hält den physischen Menschen durch die in ihn einströmende Energie am Leben. Und beim Tod reißt er ab, und dadurch kann die Lebensenergie den Körper verlassen.

---

[11] Gunda Scholdt, *Das Erwachen der Seele:* Die Quelle der Träume, S. 196

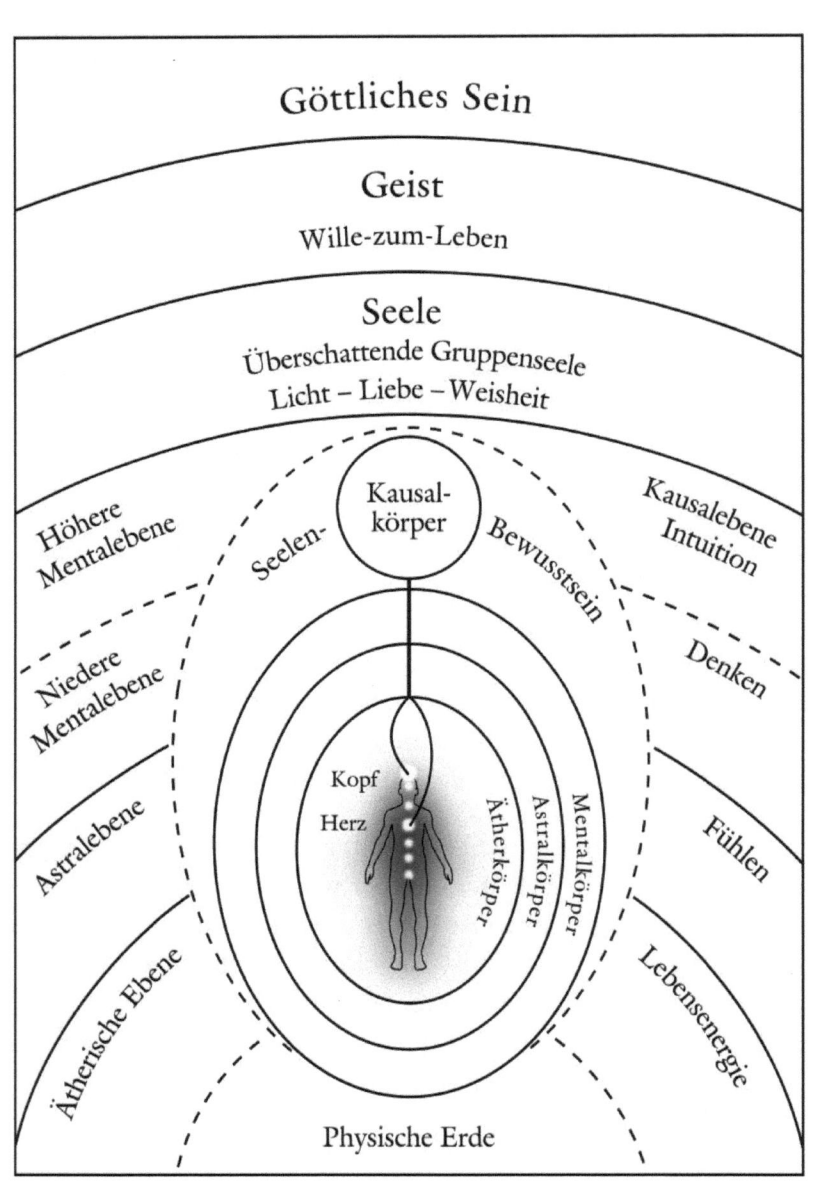

Göttliches Sein

Geist
Wille-zum-Leben

Seele
Überschattende Gruppenseele
Licht – Liebe – Weisheit

Kausal-körper

Höhere Mentalebene

Seelen-

Bewusstsein

Kausalebene Intuition

Niedere Mentalebene

Denken

Astralebene

Kopf

Herz

Ätherkörper

Astralkörper

Mentalkörper

Fühlen

Ätherische Ebene

Lebensenergie

Physische Erde

DER ZWEIFACHE LEBENSSTROM

Der Lebensstrom, der den Menschen eine Inkarnation lang am Leben erhält, geht vom Kausalkörper aus, und er teilt sich in zwei Energieströme oder ätherische Lebensfäden, die sich im Körper an zwei Stellen verankern.

Der **Bewusstseinsaspekt der Seele** ist durch einen Energiefaden im Gehirn ›verankert‹, in der Gegend der Zirbeldrüse.

Dieser macht den Menschen zu einer intelligenten, vernunftbegabten Wesenheit, die eigenbewusst ist und sich selbst leitet. Dadurch ist er sich in verschiedenem Grad der Welt, in der er lebt, bewusst, je nach seiner seelischen Reife und der Entwicklung seines Körpergefüges. Und diese Bewusstheit ermöglichen ihm das Nervensystem, das feinstoffliche Nervensystem (Nadis oder Energiebahnen) und die Energiezentren (Chakras), durch die sich seine zunehmende Entwicklung ausdrückt.

Der **Lebensaspekt der Seele**, der jedes Atom des Körpers erreicht und das Prinzip des Zusammenhaltes oder der Integration darstellt, findet seinen Weg zum Herzen und ist dort konzentriert oder verankert.

Er ist das Prinzip der Selbstbestimmung, der Zentralkern positiver Energie, durch den alle Körperatome am richtigen Platz festgehalten und dem »Willen zum Sein« untergeordnet werden, der von der Seele ausgeht.

Das Lebensprinzip verwendet den Blutstrom als Ausdrucksmittel und Kontrollorgan, und infolge der engen Verbindung des endokrinen Drüsensystems mit dem Blutstrom werden die beiden Aspekte der Seelentätigkeit zusammengebracht.

Von diesen beiden *Kontaktpunkten der Seele*[12] versucht der geistige Mensch, seinen Körper zu lenken und ein Wirken der Seele auf der phy-

---

[12] Der Verlauf des Lebensfadens ist noch weitaus komplizierter. Doch dies wird hier nicht ausgeführt, um die Verständlichkeit des Textes nicht zu erschweren.

sischen Ebene zu ermöglichen. Dadurch wird der Mensch zu einem lebendigen, bewusst handelnden Wesen, das von der Seele beherrscht wird und die Absichten der Seele in allen Tätigkeiten des täglichen Lebens zum Ausdruck bringt.

»Der Tod ist darum in der Tat ein Vorgang, bei dem diese beiden Energieströme aus dem Herzen und dem Kopf zurückgezogen werden, was dann den völligen Verlust des Bewußtseins und die Auflösung des Körpers zur Folge hat. Der Tod unterscheidet sich vom Schlaf insofern, als beide Energieströme herausgezogen werden. [13]

Im Schlaf wird nur der Energiefaden zurückgezogen, der im Gehirn verankert ist, und wenn dies geschieht, wird der Mensch bewußtlos. Damit meinen wir, daß sein Bewußtsein oder sein Gewahrseinsinn an anderer Stelle konzentriert ist. Seine Aufmerksamkeit ist nicht mehr auf greifbare, physische Dinge gerichtet, sondern wendet sich einer anderen Welt des Seins zu.«　　　　　　　　　　Djwhal Khul

Beim Tod werden beide Fäden zurückgezogen oder im Lebensfaden vereint. Die Lebenskraft hat aufgehört, den Körper mit Hilfe des Blutes zu beleben. Das Herz stellt seine Funktion ein und das Gehirn hört auf, Eindrücke zu registrieren, und so tritt Stille ein. Das Haus – unser physischer Körper – ist leer.

»Letzten Endes ist der Tod nur eine längere Zwischenzeit in dem Leben der Tätigkeit auf der physischen Ebene; man ist nur für einen längeren Zeitraum ›verreist‹. Aber der Vorgang des täglichen Schlafengehens und der Vorgang des gelegentlichen Sterbens sind identisch, mit dem einen Unterschied, daß im Schlaf der magnetische Faden oder Energiestrom, an dem die Lebenskräfte entlang laufen, unversehrt bleibt und der Weg der Rückkehr in den Körper ist. Im Tode ist dieser Lebensfaden gebrochen oder abgerissen. Wenn das geschehen ist, kann die bewußte Wesenheit in den grob-physischen Körper nicht zurückkeh-

---

[13] Dies wäre wichtig zu erkennen, wenn wir das Thema Transplantation berühren. Ein Hirntoter ist bewusstlos, aber noch nicht tot, denn dann müssten beide Energiefäden aus dem Körper zurückgezogen sein.

ren, und dieser Körper, dem nun das Zusammenhalteprinzip fehlt, zerfällt und löst sich auf.« Djwhal Khul

Der Tod wird also von der Seele eingeleitet und erfolgt unter ihrer bewussten Leitung. Bei den meisten Menschen geht der Prozess automatisch vor sich. Wenn die Seele ihre Aufmerksamkeit zurückzieht, ist der Tod die unabwendbare Reaktion auf der physischen Ebene – sei es, dass der zweifache Faden der Lebens- und Bewusstseinsenergie oder dass nur der Bewusstseinsfaden zurückgezogen wird. Dabei bleibt der Lebensstrom noch in Funktion durch das Herz, aber es besteht keine intelligente Wahrnehmung mehr. Die Seele betätigt sich anderwärts und ist auf ihrer eigenen Ebene mit eigenen Angelegenheiten beschäftigt.[14]

Dies ist auch die esoterische Erklärung für Demenz:

»Obgleich es unser Thema nur am Rande berührt, ist doch die Bemerkung interessant, daß in Fällen von Geisteskrankheit und Schwachsinn, sowie in jenem Stadium hohen Alters, das wir Altersschwäche nennen, der im Gehirn verankerte Faden zurückgezogen ist, während derjenige, der den Lebensimpuls oder Lebenstrieb überträgt, noch im Herzen verankert bleibt. Es ist noch Leben da, aber keine intelligente Wahrnehmung; es gibt Bewegung, aber keine intelligente Leitung; wenn im Leben ein hochentwickelter Apparat benutzt worden war, kann bei Altersschwäche noch der Anschein intelligenten Funktionierens bestehen, aber das ist eine Illusion, die auf alte Gewohnheit und einen seit vielen Jahren geschaffenen Rhythmus zurückzuführen ist; es besteht jedoch keine geordnete, zusammenhängende Absicht.« Djwhal Khul

---

[14] Bei Astralreisen, Körperaustritten oder Nahtod-Erlebnissen zieht sich nur der Bewusstseinsfaden aus dem Körper zurück, doch der Lebensfaden bleibt unversehrt.

DIE AUSGÄNGE FÜR DIE LEBENSKRAFT

Wie bereits erwähnt, ist die individuelle Seele des Menschen Teil der größeren Überschattenden Gruppenseele, die im Hintergrund des menschlichen Bewusstseins als Liebe wirkt. Aus ihr steigt in jeder Inkarnation ein ›Funke seelischen Bewusstseins‹ in die physische Ebene herab und belebt diese, um am Ende von der Anziehungskraft der Gruppenseele wieder in die Einheit der Seele zurückgezogen zu werden.

Der Tod erfolgt also, wenn die Seele des Menschen ihre Aufmerksamkeit von ihrem kleinen System in den drei Welten abzieht und alle ihre Kräfte wieder in sich sammelt. Dann hört das Dasein auf der physischen Ebene auf, und alles kehrt in das ›Kausalbewusstsein‹, das Bewusstsein der Seele zurück.

Das zeigt sich auf der physischen Ebene dadurch, dass der strahlende Ätherkörper den physischen Körper durch einen der drei möglichen Ausgänge verlässt, worauf der Lebensfaden abreißt, der die Seele mit dem physischen Körper verbindet. Danach folgt der Zerfall des äußeren Körpergefüges, und die physische Form löst sich auf.

Der Äther- oder Lebenskörper ist größer als der physische Körper, und er verteilt die Lebensenergie in den physischen Körper durch ein Leitungssystem (Nadis), das ein Duplikat unseres Nervensystems ist.

An zwei Stellen dieses Ätherkörpers mit seinem ätherischen Nervensystem gibt es Ausgänge für die Lebenskraft. Die eine Öffnung liegt im *Sonnengeflecht* und die andere an der *höchsten Stelle des Kopfes*. Zum Schutz beider ist über sie ein eng verwobenes Netz aus Ätherstoff gebreitet, das aus ineinandergeflochtenen Schnüren von Lebensenergie besteht. Während des Todesvorganges schlägt der Druck der Lebensenergie gegen das Gewebe, so dass es schließlich durchlöchert wird und eine Öffnung entsteht. Und aus dieser strömt die Lebenskraft in dem Maße, wie die anziehende Kraft der Überschattenden Seele zunimmt.

Bei Tieren, Kindern und Erwachsenen, die völlig im physischen und astralen Körper polarisiert sind, ist das *Sonnengeflecht* der Ausgang; hier wird also das Gewebe durchbohrt, so dass die Lebensenergie frei wird.

Bei höher entwickelten, mentalen Menschen wird das Gewebe am *Scheitel des Kopfes* in der Gegend der Fontanelle zerrissen, so dass die Seele auf diese Weise heraustreten kann.

Ein dritter Ausgang, über dem sich ein weiteres ätherisches Gewebe befindet, ist direkt unter der *Spitze des Herzens*, und er wird vom guten, wohlmeinenden Menschen verwendet, der weder rein emotional noch wirklich mental oder geistig orientiert ist. Es sind die Menschen, die ein gewisses Maß an Integration ihrer Persönlichkeit erreicht haben und versuchen – soweit es an ihnen liegt – nach dem Gesetz der Liebe zu leben.

Bei Psychisten und Medien oder niederen Sehern (hellsehend oder hellhörend) ist das Gewebe des Sonnengeflechts schon früh im Leben ständig zerrissen, und deshalb können sie leicht in den Körper hinein- oder aus ihm heraustreten, in Trance kommen und auf der Astralebene tätig sein. Ihre Schau ist jedoch oft fehlerhaft und nicht zuverlässig, weil das Bewusstsein in den unteren drei Chakras konzentriert ist.

Bei erleuchteten Sehern ist das ›Gewebe im Gehirn‹, das bei den meisten Menschen unversehrt ist, nicht mehr vorhanden. Und dies ermöglicht ihnen eine umfassende Erkenntnis und eine zuverlässige Schau der feinstofflichen Ebenen.

Abschließend bliebe noch zu erwähnen, dass der *Ausgang* für die Nachtodesphase eine wichtige Bedeutung hat, denn er entscheidet darüber, in welcher der drei Welten wir uns nach dem Tod wiederfinden.

DIE DREI TODE

Der Austritt des Äther- oder Lebenskörpers aus dem Körper führt den physischen Tod herbei, doch der gesamte Todesvorgang ist damit noch nicht beendet. Denn nun folgt auch der Rückzug der Seele aus den feinstofflichen Körperhüllen, was unseren Augen aber nicht mehr sichtbar ist, weil es in der Nachtodes-Phase geschieht.

So lehrt die Esoterik auch, dass es entsprechend unserer drei Körper drei Tode gibt:
• Tod des physisch-ätherischen Körpers
• Tod des Astralkörpers
• Tod des Mentalkörpers

Und erst wenn alle drei Körper verlassen wurden, die das Seelenbewusstsein in der Formwelt umhüllen, sind wir wieder mit der Gruppenseele vereint, aus der wir mit jeder neuen Inkarnation wieder in die materielle Welt absteigen.

Beginnen wir also mit dem physischen Tod, der für uns normalerweise der einzige ist. Doch auch hier müssen wir unsere Vorstellung erweitern, denn er umfasst zwei Phasen, weil der physische Körper von einem ätherischen Lichtkörper durchdrungen ist, der ebenfalls sterben muss.

Der erste Tod: Das Sterben des physischen Körpers

Der physische Sterbeprozess hat zwei Phasen:
• Das Ablegen des physischen Körpers mit dem Ziel, die Atome, aus denen er besteht, an die Quelle zurückzugeben, aus der sie kamen. Diese Quelle ist die Gesamtheit der Materie unseres Erdplaneten.
• Das Ablegen des ätherischen Körpers, dessen Kräfte an das allgemeine »Energie-Sammelbecken« zurückgegeben werden.

Er umfasst die Zeitspanne, während der sich die Seele von der physischen Ebene und von ihren beiden Aspekten – dem physischen Körper und dem Ätherkörper – zurückzieht. Die Esoterik bezeichnet dies als »Prozess der Rückerstattung«.

Dieses esoterische Wissen verbirgt sich hinter der allseits bekannten Begräbnisformel *»Asche zu Asche, Staub zu Staub«*, was natürlich allgemein nicht so verstanden wird, weil wir nur den physischen Körper im Blick haben.

Und wo ist der Gestorbene, nachdem sich sein Bewusstsein aus dem physisch-ätherischen Körper befreit hat?

Er ist noch immer auf der Erde! Doch seine Wahrnehmung ist eine andere, denn er lebt nun im Astralkörper, der ihn in die nächsthöhere Bewusstseinsebene – die Astralwelt – aufsteigen lässt. Und hier geht sein Leben weiter wie bisher, aber ohne Beschränkung des physischen Körpers. So nimmt er auch das Tun und Treiben derer wahr, die er gerade verlassen hat, jedoch ohne Möglichkeit, über das Gehirn und die 5 Sinne mit ihnen zu kommunizieren, weshalb die Verstorbenen von denen, die ›unten sind‹, nicht mehr wahrgenommen werden. Sie sind aber nicht weg, sondern leben in einer Parallelwelt zur physischen, die nur über die feineren astralen Sinne erkannt werden kann.

Zwar ist die Astralwelt in Wahrheit eine ›illusorische Scheinwelt‹; doch nach dem ersten Tod erscheint sie uns als absolut real und wird auch noch für lange Zeit die Lebenswirklichkeit derer sein, die für die physische Welt gestorben sind.

»Ich habe schon an anderer Stelle gesagt, daß es so etwas wie die Astralebene oder den Astralkörper nicht gibt. (…)

Das ist für euch schwer verständlich, da Begierde und Gefühl eine solche Realität besitzen und so verheerend wichtig sind.

Aber vom Blickpunkt der Mentalebene aus ist der Astralleib buchstäblich eine ›Erdichtung‹ der Einbildungskraft; er ist kein Prinzip. Die massenhafte Anwendung der Imagination im Dienste des Verlangens hat dennoch eine illusorische Scheinwelt – die Welt der Astralebene – geschaffen.« Djwhal Khul

Und sie bleibt sehr real mit der ihr eigenen Lebenskraft und Aktivität bis zum zweiten Tod.

Der zweite Tod: Das Sterben des Astralkörpers

Nach dem ersten Tod hat der Mensch die »Freiheit des zweifachen Lebens« erreicht und lebt jetzt – abhängig vom eigenen Bewusstsein – in den verschiedenen Regionen der Astralwelt. Deshalb ist die Lebenswirklichkeit der Verstorbenen auch ganz unterschiedlich, denn die Erfahrungen und Erlebnisse sind abhängig vom emotional-mentalen Zustand.

Waren und sind die Gefühle oder Gedanken negativ, trennend, lieblos, egoistisch, wird der Verstorbene sich in Gesellschaft von Mitmenschen bewegen, die sind wie er. Und so erlebt er eine ›innere Hölle‹, denn sein Bewusstsein zwingt ihn, in den niederen Regionen der Astralebene zu bleiben, einer ausgesprochen düsteren Atmosphäre.

Ist die emotionale Gedankenwelt eines Verstorbenen dagegen mitfühlend, liebevoll, verzeihend, selbstlos, so wird er sich ebenso in der Gesellschaft von Gleichgesinnten befinden. Und dies lässt ihn paradiesische Zustände erleben, weil sein Bewusstsein ihm den Zugang zur höheren Astralebene verschafft, auf der Frieden und Eintracht herrschen.

Denn die Welten, die wir erleben, sind – im Diesseits wie im Jenseits – abhängig von der Beschaffenheit der Körper, in die sich die Seele beim Abstieg in die materiellen Welten eingeschlossen hat. Und aus diesen muss sie sich im Zuge des Aufstiegs in die Lichtwelten wieder befreien.

Der Aufenthalt auf der Astralebene, und später auf der niederen Mentalebene, dient also dem Erleben der eigenen emotionalen Erlebniswelt, die ein Mensch – nach dem physischen Tod – durch seine feineren Körper aus Empfindungs- und Mentalsubstanz viel intensiver und deutlicher wahrnimmt. Er lebt und erlebt seine eigenen Gefühle, Wünsche und Vorstellungen, die ihm seine Umwelt in absoluter Klarheit reflektiert. Und dadurch muss er schließlich begreifen, dass sie seine eigenen Schöpfungen sind und die ihn umgebende Welt nur eine Spiegelung seiner Innenwelt ist.

So wird deutlich, dass sich auch im Jenseits die Entwicklung des Bewusstseins fortsetzt. Doch irgendwann haben sich die Wünsche und

Begierden, aber auch die Verlockung und Verblendung (höheren oder niederen Grades) erschöpft. Und in dem Maße, wie das Denken beherrschender wird, kommt der innere Mensch an einen Punkt, wo er **weiß**, dass er bereit ist für den zweiten Tod: die vollständige »Ausmerzung« des Astralkörpers.

Nach den beiden Toden – dem physischen und dem des Astralkörpers – lebt der Mensch weiter im Mentalkörper und steigt in die niedere Mentalwelt auf. Und nun hat er den ›Himmel‹ oder einen Zustand der Glückseligkeit erreicht, den wir uns als höhere mentale Entsprechung zum ›Paradies‹ auf der Astralebene vorstellen können.

Doch auch diese Phase endet irgendwann mit der Vorbereitung auf den dritten Tod, der ihn – die individuelle Seele – vollkommen aus allen einschränkenden, materiellen Körpern befreien soll.

Der dritte Tod: Der Prozess der Integration

Als letztes muss auch der Mentalkörper sterben, damit der Mensch die höhere Mentalebene erreichen kann, auf der sich der **Kausalkörper** befindet. Und das geschieht durch die Mitwirkung der *Überschattenden Gruppenseele*, die den Bruchteil ihrer selbst – die *individuelle Seele* – zurück und an sich zieht, um wieder mit ihr eins zu werden.

Er umfasst die Zeitspanne, während der sich die befreite Seele wieder ihrer selbst als des »Engels der Gegenwart« bewusst wird und vollkommen in der Seelenwelt aufgeht, in einem »Zustand nachdenklicher Betrachtung« oder einer »Seligkeit«, von der wir noch keine wirkliche Vorstellung haben.

Später bereitet sie sich, dem »Gesetz der Karmischen Verpflichtung« folgend, zu einem erneuten Abstieg in die Formwelt vor.

DIE JENSEITIGEN WELTEN

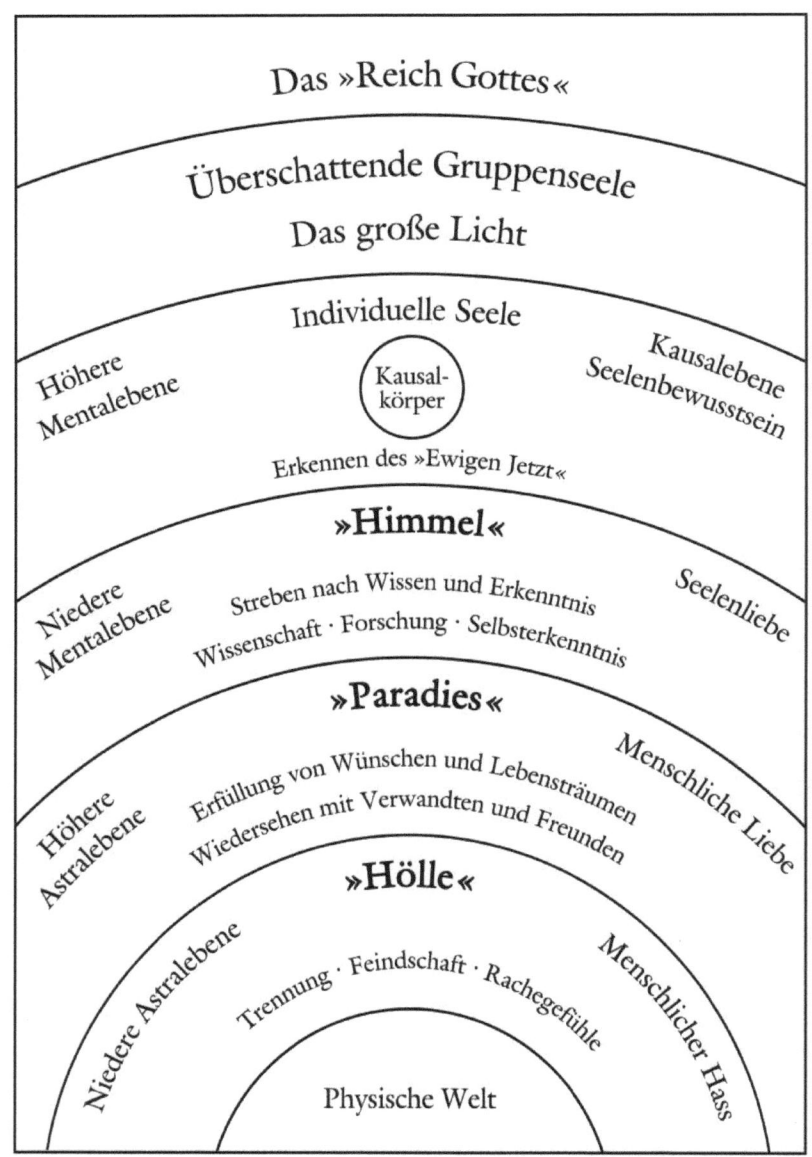

Das »Reich Gottes«

Überschattende Gruppenseele

Das große Licht

Individuelle Seele

Höhere
Mentalebene

Kausal-
körper

Kausalebene
Seelenbewusstsein

Erkennen des »Ewigen Jetzt«

»Himmel«

Niedere
Mentalebene

Streben nach Wissen und Erkenntnis

Wissenschaft · Forschung · Selbsterkenntnis

Seelenliebe

»Paradies«

Höhere
Astralebene

Erfüllung von Wünschen und Lebensträumen

Wiedersehen mit Verwandten und Freunden

Menschliche Liebe

»Hölle«

Niedere Astralebene

Trennung · Feindschaft · Rachegefühle

Menschlicher Hass

Physische Welt

Das Leben der Verstorbenen

Wir wollen den Tod nun aus der Perspektive des Menschen betrachten, der seinen physischen und ätherischen Körper verlassen hat und sich in der Hülle des feineren Körpers aufhält, eines Körpers aus Astral- und Mentalsubstanz. Nur wenige Menschen sind bis jetzt so weit entwickelt, dass die Hülle, in der sie sich nach dem Tode befinden, zum Großteil aus Mentalsubstanz besteht.

Fortgeschrittene Menschen, die meistens in der Gedankenwelt leben, steigen nach dem Tode unmittelbar auf die Mentalebene auf. Die meisten Verstorbenen werden sich aber auf der Astralebene wiederfinden, in eine Hülle aus astralem Stoff gekleidet und einer Zeit der Läuterung in dem »illusorischen Reich der Astralebene« überantwortet.

Wie bereits erwähnt, ist die Astralebene nicht real; sondern sie ist eine illusorische Schöpfung der Menschheit. Die Empfindungssubstanz, aus der die Astralebene besteht, wird noch immer zu Illusionsformen zusammengezogen und bildet so eine Schranke für die nach Befreiung strebende Seele. Denn Menschen, die im Zeitpunkt ihres Todes hauptsächlich für ein Leben des Begehrens, des Wunschdenkens und der Emotionen empfänglich waren, werden auf der Astralebene festgehalten, weil die Substanz dieser Ebene ihrem Bewusstsein entspricht.

Das ist in der heutigen Zeit natürlich noch die Mehrheit bezogen auf die Weltbevölkerung. So stehen die meisten Menschen mit einem überwiegend emotionalen Bewusstsein – nach dem zweifachen physischen Tod – auch vor dem schwierigen Problem, den Astralkörper abzulegen, was eine kürzere oder längere Zeit in Anspruch nimmt, je nach der Intensität ihrer noch unbefriedigten Wünsche.

Die Befreiung aus dem Mentalkörper fällt ihnen dagegen leicht, da sie noch relativ wenig eigene Gedankenformen gebildet haben, die eine Begrenzung darstellen. So haben die emotional betonten Menschen nach Ausschaltung des Wunsch- oder Begierdenkörpers auch kaum noch etwas zu tun. Weil es keine entwickelte Mentalhülle gibt, die eine Verbindung zur Mentalwelt schaffen könnte, fehlt das mental polarisierte Kraftfeld. In der höheren Mentalwelt – der Ebene des Kausalkörpers – befindet sich die Seele noch »in tiefer Meditation« und ist sich ihres ›Schattens‹, des Menschen in den drei Welten, überhaupt nicht bewusst.

Der Aufenthaltsort dieser Verstorbenen ist daher die Astralebene, die Ebene der Vorstellungen und Illusionen oder die Trancewelten. Dies ist auch der Grund dafür, dass das Paradies in den verschiedenen Religionen so unterschiedlich geschildert wird, je nach den über lange Zeiträume hinweg gepflegten Vorstellungen unzähliger Menschen, die diese Vorstellungsbilder kollektiv erschaffen haben.

Um dies zu verstehen, wollen wir uns nochmals erinnern, dass die Ebenen, auf denen wir uns entsprechend unserer Körper befinden, keine Örtlichkeit sind, sondern Bewusstseinszustände, die wir wegen der Begrenzung unseres Verstandes räumlich erleben. Und deshalb entscheidet auch die seelische Reife darüber, in welcher (Um-)Welt ein Verstorbener sich nach dem Tod aufhält.

Erdgebundene Seelen haben Schwierigkeiten, die Erde zu verlassen und werden häufig im ätherischen Bereich der Erde festgehalten.

Menschen mit niederer Entwicklungsstufe und einem eher unfreundlichen oder bösartigen Charakter befinden sich nach Ablegen des physisch-ätherischen Körpers auf der niederen Astralebene, die unserer Vorstellung von einer ›Hölle‹ entspricht.

Menschen mit einer emotionalen Betonung, aber einem liebevoll-freundlichen Wesen, werden sich nach dem physischen Tod auf der höheren Astralebene wiederfinden, wo alle Wünsche, Träume und Vorstellungen Realität werden. Und dies ist unsere Vorstellung vom ›Paradies‹.

Wenn das Denken gut entwickelt ist und die Begierdennatur des Astralkörpers weitgehend kontrolliert wird, steigt ein Mensch nach dem physischen Tod sehr schnell zur Mentalebene auf und erlebt einen Zustand, der unserer Vorstellung vom wirklichen ›Himmel‹ wohl sehr nahe kommt.

Vereinfacht könnten wir Menschen entsprechend ihres Bewusstseins in drei Kategorien einteilen:

1. Der physisch-emotionale Mensch

Diese Menschen finden sich nach dem Tod in ihrer Astralhülle wieder. Ihre Lebenswirklichkeit ist jetzt die Astralebene, und sie haben die Aufgabe, ihren Astralkörper abzulegen, was durch Abnützung oder ›Aushungern‹ passiert. Die Wünsche und Begierden sind auf dieser Entwicklungsstufe hauptsächlich auf den physischen Körper bezogen, und weil es diesen nach dem Tod nicht mehr gibt, lassen sie sich nicht mehr befriedigen und sterben langsam ab.

2. Der emotional-denkende Mensch

Bei einem Menschen, dessen Gedankenleben langsam erwacht, ist das Bewusstsein eine Mischung aus Wunschenergie und mentaler Energie. In diesem Stadium ist das Denken noch weitgehend ein ›Wunsch-Denken‹, und so hat der Mensch nach dem physischen Tod die Aufgabe, die Astral- und Mentalhülle zu zerstören. Und das erreicht er in zwei Schritten:

- Zunächst muss er seinen Astralkörper durch ein wachsendes Verlangen nach einem Gedankenleben abstoßen. Er zieht sich allmählich und stetig in den Denkkörper zurück, so dass der Astralkörper an Substanz verliert und schließlich verschwindet. Dies geschieht meistens unbewusst und kann eine ziemlich lange Zeit erfordern. Wenn es sich aber um einen Menschen handelt, der bereits stärker im Denken betont ist, erfolgt dieses Verschwinden dynamisch, und plötzlich steht er frei in seinem Mentalkörper da. Dies geschieht schnell und bewusst.

- Dann zerbricht er den Mentalkörper durch einen Akt des menschlichen Willens und auch deshalb, weil die Seele allmählich beginnt, sich ihres ›Schattens‹ bewusst zu werden. So wird der innere Mensch zur Seele hingezogen, wenn auch am Anfang noch etwas schwach. Dieser Prozess geht verhältnismäßig schnell vor sich und hängt vom Ausmaß des mentalen Einflusses ab.

3. Der mentale Mensch

Fortgeschrittene Menschen, deren Bewusstsein hauptsächlich in der Welt des Denkens zentriert ist, stehen ebenfalls vor zwei Aufgaben:

- Sie müssen sich von allen astralen Verblendungen, die ihren ›durchscheinenden‹ Mentalkörper vielleicht noch verfärben, frei-machen und sie auflösen. Der Astralkörper muss jetzt praktisch sterben. Dies erreichen sie dadurch, dass sie in verstärktem Maße *Licht von der Seele* hereinrufen. Dieses Seelenlicht ist in diesem Stadium in der Lage, die Astralsubstanz aufzulösen.

- Dann wird der Mentalkörper durch die Anwendung bestimmter Machtworte (Mantras) zerstört. Diese Worte werden ihm aus hö-heren Ebenen mitgeteilt. Sie führen Seelenkraft in einem sehr verstärkten Maße heran und bewirken folglich eine derartige Be-wusstseinserweiterung im Mentalkörper, dass dieser zerbricht und für den inneren Menschen kein Hindernis mehr bildet. Dadurch erreicht er die Freiheit von der einschränkenden Wirkung der ma-teriellen Körper und wird sich seiner selbst als Seele voll bewusst.

Aus diesen Beschreibungen folgt die Erkenntnis, dass Menschen sich der Umstände oder des unmittelbaren Erlebens nach dem physischen Tod nicht in gleichem Maße bewusst sind. Denn auch im Tod ent-scheidet unser Bewusstsein darüber, in welcher ›Umwelt‹ wir leben, wobei sich die Wahrnehmung und Erkenntnisfähigkeit mit der Zeit immer mehr erweitert und höhere Ebenen des Erlebens möglich macht.

GEBURT – TOD – WIEDERGEBURT

Was sind die ersten Reaktionen und Handlungen eines Menschen mit einem astral-mentalen Bewusstsein nach dem Ablegen des physischen Körpers?

Nach dem physischen Tod und besonders, wenn eine Verbrennung stattgefunden hat, ist sich der Mensch im astral-mentalen Körper – einem Zustand des Wunsch-Denkens – seiner Umwelt ebenso bewusst und ihr gegenüber ebenso aufmerksam wie zu der Zeit, als er noch auf der physischen Ebene lebte. Weil die meisten aber mehr emotional als physisch bewusst sind und in hohem Maße auf ihren Astralkörper bezogen leben, ist dem physisch Gestorbenen der Bewusstseinszustand, in dem er sich jetzt befindet, sehr vertraut.

Er lebt auf der Astralebene, die keine Örtlichkeit, sondern ein Bewusstseinszustand ist. Und diesen erkennt er aufgrund des Eigenbewusstseins, in dem er so weiterlebt, wie er es auf Erden auch getan hat. Doch er ist sich nun deutlicher als je zuvor seiner selbst bewusst. Er hat ein Empfinden für das, was in seiner Umwelt vorgeht, und für die von ihm ausgehenden Wünsche und Gedanken, die – je nach Entwicklung – niedriger oder höher sein können. Und durch diese bestimmt er selbst, ob sein Aufenthaltsort die niedere oder höhere Astralebene oder die niedere Mentalebene ist. Denn sein Bewusstsein, das sich in der Schwingung seines astral-mentalen Körpers ausdrückt, hält ihn auf der Ebene fest, die der Qualität seiner Gefühle und seines Denkens entspricht.

War das Interesse eines Menschen auf Erden vorwiegend auf sinnliche Befriedigung und materiellen Besitz gerichtet, ohne jegliche geistige Orientierung, so beschäftigt er sich völlig mit dem, was ihn während seiner Inkarnation interessierte und was mit seinen Begierden zu tun hat. Dabei ist zu beachten, dass jetzt kein physisches Gehirn mehr vorhanden ist, das auf Impulse und Wünsche reagieren könnte, die vom inneren Menschen ausgehen. Auch gibt es kein Geschlecht mehr im physischen Sinne, was eine sexuelle Befriedigung unmöglich macht.

So muss der Astralkörper allmählich verschwinden, in dem Maße, wie materielle Wünsche oder körperliche Begierden unerfüllt bleiben. Denn der Astralkörper stirbt ab, weil von der physischen Substanz kein Ruf mehr kommt, der eine Begierde erweckt. So gibt es nichts mehr, womit dieser Körper genährt werden könnte.

Fortgeschrittene Menschen, die in höheren Regionen der Astralebene wirken, haben auch ein Empfinden für ausstrahlende Liebe und für ein geistiges Leben.

Die Zwischen-Lebensphase des vorwiegend emotionalen Menschen findet also auf der Astralebene im Astralkörper statt, mit dem Ziel, diesen zum Verschwinden zu bringen, um den zweiten Tod zu erleben. Und nach diesem wird der Mensch nun nach einem langen »Prozess der Ausmerzung« – wie die Esoterik es nennt – frei in einer keimhaften Mentalhülle stehen gelassen.

Die Zeitspanne des halb-mentalen Lebens ist sehr kurz und wird von der Seele beendet, die plötzlich *»ihr Auge auf den Wartenden«* richtet. Danach lenkt sie den Verstorbenen mit gezielter Absicht wieder auf den absteigenden **»Pfad der Wiedergeburt«**.

Und nun geschieht folgendes:

1. Der Verstorbene wird sich seiner selbst bewusst. Das bringt eine Klarheit der Wahrnehmung mit sich, die dem Durchschnittsmenschen während seiner Inkarnationszeit unbekannt war.

2. Die Zeit, wie sie das Gehirn in der physischen Welt registriert, existiert jetzt nicht mehr. Und wenn der Mensch seine Aufmerksamkeit nun dem – klarer hervortretenden – emotionalen Selbst zuwendet, folgt unausweichlich ein *Augenblick direkten Seelenkontaktes*. Dies hat eine bestimmte Wirkung auf die Seele, wie etwa ein langer, starker Zug an einem Glockenseil. Eine kurze Sekunde lang antwortet die Seele, und diese Antwort ist so, dass der im Astralkörper lebende Mensch die Erfahrungen der vergangenen Inkarnation wie auf einer Landkarte vor sich ausgebreitet sieht. Er erlebt ein Gefühl der Zeitlosigkeit.

3. Nach diesem Seelenkontakt, der einen tiefen Eindruck im Bewusstsein hinterlässt, wählt der Mensch jene **drei Erlebnisse** aus, die im vergangenen Leben bestimmend waren, denn sie sind der Schlüssel für die nächste Inkarnation.

Alles andere wird vergessen, alle geringeren Erfahrungen schwinden aus dem Gedächtnis, und es bleibt nichts im Bewusstsein als das, was man esoterisch die **»drei Samen oder Keime der Zukunft«** nennt. Aus diesen drei Samen entwickelt sich die Beschaffenheit des physisch-ätherischen und astralen Körpers der nächsten Inkarnation.

- **Der erste Same** ist bestimmend für die physische Umwelt, in welcher der zurückkehrende Mensch seinen Platz finden wird, denn er entscheidet über deren Qualität.

- **Der zweite Same** bestimmt die Beschaffenheit des Ätherkörpers, also der Hülle, durch die die Strahlkräfte[15] mit dem physischen Körper in Berührung kommen können. Er grenzt das ätherische Gerüst oder das Lebensgewebe ab, um das die feinstofflichen Energien kreisen werden, und wählt das Energiezentrum (Chakra) aus, das in der kommenden Inkarnation das lebendigste und aktivste der sieben sein wird.

- **Der dritte Same** ist entscheidend für den Astralkörper, in dem sich der Mensch in der nächsten Inkarnation polarisieren wird. Dieser bringt den Verstorbenen – durch die Anziehungskraft, die von ihm ausgeht – wieder mit all denen in Verbindung, die er früher geliebt hat oder mit denen er in einem engen Kontakt stand.

4. Hat ein Mensch schließlich das »Aussondern seiner Lebenserfahrung« vollbracht, wird er diejenigen suchen und automatisch finden, die – wie ihm der dritte Same anzeigt – Teil der (Seelen-)Gruppe sind, zu der er als Einzelwesen bewusst oder unbewusst gehört.

---

[15] ausführlich in: Gunda Scholdt, *Das Erwachen der Seele*

Und ist die Verbindung mit ihnen wieder hergestellt, dann handelt er so wie er es auf Erden in Gemeinschaft mit seinen Vertrauten tun würde, entsprechend seinem Temperament und seiner seelischen Entwicklungsstufe.

Wenn diejenigen, die ihm am nächsten stehen und die er zutiefst liebt oder hasst, noch physisch inkarniert sind, wird er sie ebenfalls aufsuchen und wird – so wie er es auf Erden tat – in ihrer Nähe bleiben. Er nimmt ihr Tun und Treiben wahr, auch wenn sie nichts davon wissen.

Aus physischer Sicht erstrecken sich diese vier Tätigkeiten über verschieden lange Zeitspannen, was auf der Astralebene nicht zählt, weil es hier keine Zeit gibt.

Und so wirkt sich das Karma auf dieser Ebene durch die Gruppen- und Familienzusammengehörigkeit aus, die sich nicht nur auf die physische Vererbung, sondern auch auf die Astralebene erstreckt und den gesamten emotionalen Erlebnisbereich umfasst. Daraus ergeben sich die vielfältigen Konflikte, Verstrickungen, Abhängigkeiten und das Leiden, das in vielen Familien ausgetragen wird, weil immer wieder Familienangehörige aufeinander treffen, die durch ein karmisches Band miteinander verbunden sind.

Und was erlebt der mentale Mensch nach Ablegen des physisch-ätherischen Körpers?

Natürlich ist es unmöglich, eine genaue Schilderung dessen zu geben, was jeder Einzelne auf den vielen verschiedenen Bewusstseinsstufen erfährt. Dafür sind sie – trotz der drei großen erkennbaren Entwicklungsstufen – zu unterschiedlich. Doch der mentale Mensch, dessen Bewusstsein nicht mehr überwiegend im Gefühlskörper zentriert ist, erlebt die Phase nach dem physischen Tod viel bewusster. Da seine Interessen im physischen Leben schon mentaler oder geistiger Natur waren, wird er die Astralebene in viel kürzerer Zeit durchqueren. Auf dieser Ebene hält ihn nichts fest, weil es in seinem Bewusstsein für diese Schwingung keine Resonanz mehr gibt.

Und ist der Astralkörper dann aufgelöst und die mentale Hülle im Abbau begriffen – was sehr schnell geschieht – ist die Stunde des Kontaktes mit der Seele gekommen, und der Verstorbene wird unmittelbar der Zukunft gewahr. Diese Vorherschau ist eine Eigenschaft des Seelenbewusstseins, die der exkarnierte Mensch auf dieser Ebene besitzt, und so werden **Vergangenheit**, **Gegenwart** und **Zukunft** als eins gesehen.

Das Erkennen des ›**Ewigen Jetzt**‹ entwickelt sich schrittweise von einer Inkarnation zur anderen und infolge der ständigen Wiederverkörperung weiter. Für fortgeschrittene Menschen ist dies eine charakteristische Bewusstseinsstufe, auf der sie zu verstehen beginnen, dass die Gegenwart nur die Folge der Vergangenheit ist, und die Zukunft in der Gegenwart gestaltet wird.

Folglich ist der Aufenthalt auf der Mentalebene für sie auch kürzer. Denn die Fähigkeit, mit geistiger Klarheit auf den Ablauf des Erlebten zurückzublicken und dessen Folgen oder Auswirkungen zu erkennen, wird vom fortgeschrittenen Menschen allmählich auch auf der physischen Ebene angewandt. So werden ihm Sinn und Bedeutung der Erlebnisse sowie die Seelenabsicht schon im physischen Leben bewusst, und er beginnt, Lehren aus den Erfahrungen zu ziehen, die er im Laufe der Inkarnationen macht.

Auf diese Weise entwickelt sich – durch Erfahrung in der physischen Welt und Verarbeitung des Erlebten in der Nachtodesphase – die Fortdauer des Bewusstseins von Inkarnation zu Inkarnation weiter. Und in der Folge beginnt sich das Bewusstsein der Seele auf der physischen Ebene sichtbar zu manifestieren; zuerst mit Hilfe des physischen Gehirns und später unabhängig von diesem.

So erweisen sich Tod und Wiedergeburt als natürliche Phasen des Lebens, durch die ein Mensch allmählich die »*Kontinuität des Bewusstseins*« erlangt, die ihm die Erinnerung an alle früheren Leben zurückgibt.

ABSTIEG IN DIE INKARNATION

Interessant ist die Tatsache, dass sich der innere Mensch nach Ablegen der physischen und ätherischen Hülle seiner selbst voll bewusst ist. Das physische Gehirn und die wirbelnden ätherischen Kräfte, die bei den meisten Menschen noch ziemlich ungeordnet sind, haben sich rhythmisch angeglichen. Auf den inneren Ebenen hat ein Mensch daher die Möglichkeit, seine eigenen Pläne und Lebensinteressen weiter zu verfolgen, wie er es auf der physischen Ebene gewohnt war. Mit der gleichen Intensität nimmt er aber auch sein eigenes Bewusstsein sowie die ihn umgebenden Bewusstseinszustände wahr.

Er mag vielleicht der Täuschung der Astralwelt verfallen sein oder den telepathischen Eindrücken der mannigfachen Gedankenströmungen unterliegen, die von der Mentalebene ausgehen, aber er ist sich seiner selbst und seines Denkens in viel stärkerer Weise bewusst als zu der Zeit, da er noch ein physisches Gehirn hatte und der Brennpunkt seines Bewusstseins im Gehirn verankert war. Sein Erleben ist jetzt viel reicher und intensiver als in der Inkarnation. Man darf daher annehmen, dass das Ablegen des Astralkörpers viel genauer und wirksamer vollzogen wird als die Rückerstattung des physischen Körpers. Außerdem ist noch ein weiterer Punkt interessant.

Auf der inneren Seite wissen die Menschen, dass die Lebenserfahrung auf der physischen Ebene durch das ›**Gesetz der Wiedergeburt**‹ bestimmt wird. Sie erkennen dann, dass sie vor dem Abstoßen des Astral- und Mentalkörpers lediglich eine Übergangszeit zwischen den Inkarnationen durchmachen und dass sie folglich zwei großen Erfahrungen gegenüberstehen:

1. Ein (je nach Entwicklungsstufe langer oder kurzer) Augenblick, in dem ein Kontakt mit der **Seele**, dem »Sonnenengel« hergestellt wird.

2. Nach dieser Kontaktnahme findet eine ganz deutliche Hinwendung zum Erdenleben statt, die zu dem führt, was die Esoterik den »Vorgang des Abstiegs und des Rufens« nennt, worauf der Mensch sich wieder auf eine physische Inkarnation vorbereitet.

- Zu diesem Zweck werden die permanenten Atome[16] wiederbelebt, die im Kausalkörper (dem Speicher der Lebenserfahrung) ein Kräftedreieck bilden. Und so wird das Karma im Leben wirksam.

- Danach wird die nötige feinstoffliche Substanz zusammengeholt, um die vier Körper zu bilden, mit denen sich die Seele in jeder Inkarnation umgibt. Und diese Körper werden mit den Qualitäten und Merkmalen ausgestattet, die ein Mensch bereits durch seine Lebenserfahrung errungen hat.

- Auf der Ätherebene wird die Substanz des Ätherkörpers dann so angeordnet, dass die sieben Chakras Gestalt annehmen und zu Empfängern der inneren Kräfte werden können. Auch hier ist die Entwicklungsebene entscheidend.

- Schließlich wählt der Mensch mit Bedacht die Eltern aus, die ihn mit der für ihn notwendigen physischen Hülle versorgen werden. Und dann wartet er auf den Augenblick der Inkarnation.

Diesen beiden kritischen Augenblicken sieht sich der exkarnierte Mensch bewusst gegenüber, und in den Grenzen – die ihm seine Evolutionsstufe setzt – weiß er auch, was er tut.

Vielleicht ist es noch von Interesse, dass die Eltern uns – esoterisch betrachtet – nur den physischen Körper geben. Sie beschaffen lediglich einen Körper von einer bestimmten Qualität und Art, ein Werkzeug des Kontaktes mit der Umwelt, das die sich inkarnierende Seele braucht und verlangt. Sie tragen zu einem gewissen Maß auch dazu bei, dass wir uns immer wieder in bestimmten Gruppen inkarnieren, falls die Seele schon eine lange Erfahrung besitzt und bereits eine echte Gruppenbeziehung erreicht wurde.

Alles andere aber, die astrale und mentale Beschaffenheit, schafft ein Mensch sich selbst, und dafür trägt er karmisch auch ganz alleine die Verantwortung.

---

[16] Gunda Scholdt, *Das Erwachen der Seele*, S. 379

DER TOD DER PERSÖNLICHKEIT

Die bisherigen Ausführungen haben hauptsächlich erklärt, welche Wirkungen der Tod im physischen Körper, aber auch in der astralen oder mentalen Hülle auslöst. Doch nun wollen wir uns mit dem Gedanken vertraut machen, dass der Hauptaspekt des Todes, um den es beim Menschen letzten Endes geht, der Tod der Persönlichkeit ist, die wir im Laufe vieler Reinkarnationen auf immer vollkommenere Weise entwickeln.

Die Entwicklung zu einer vollendeten Persönlichkeit dauert lange und umfasst viele Inkarnationen, in denen der Mensch noch keine Persönlichkeit ist. Zunächst ist er nur ein Mitglied der Masse. Und auf dieser Stufe gibt es praktisch keine bewusste Identifizierung der Seele mit der Persönlichkeit. Denn der in den drei Körpern verborgene Seelenaspekt wird lange Zeit hindurch vom Leben dieser Hüllen vollkommen beherrscht. Er macht sich lediglich bemerkbar durch die ›Stimme des Gewissens‹.

Im Laufe der Zeit steigert sich aber die Intelligenz eines Menschen und das aktive Leben wird immer harmonischer und überlegter, weil das Denken zunehmend stärker wird. Dies führt schließlich zur Integration der drei niederen Hüllen – physisch-ätherischer Körper, Astralkörper, Mentalkörper – zu einem einzigen wirksamen Ganzen. Und so tritt der Mensch als Persönlichkeit in Erscheinung.

Das Persönlichkeitsleben des Einzelnen, der nun viel ausgeglichener und zielorientierter ist, bleibt während vieler Leben bestehen und gliedert sich in drei erkennbare Entwicklungsphasen:

- Die Phase, in der das Leben der Persönlichkeit vorherrscht, die angriffslustig und von Natur aus selbstsüchtig sowie ausgesprochen individualistisch ist.

- Eine Übergangsphase, in der ein Kampf zwischen Persönlichkeit und Seele beginnt. Die Seele ist bestrebt, sich allmählich vom Formleben zu befreien. Doch das Streben der Persönlichkeit, die vom

Lebensprinzip der Seele abhängig ist, gilt zunächst dem Erfolg, aber auch der Stabilisierung und Verfestigung im materiellen Leben. Dies ist ein Widerspruch und bringt zwangsläufig eine Zwiespältigkeit und innere Kämpfe mit sich, die jedoch nur vorübergehend sind.

- In der letzten Phase herrscht dann die Seele. Das führt zum Tod der Persönlichkeit, was aber nicht ihre Zerstörung, sondern ihre Umwandlung bedeutet. Während sie vorher ihre eigenen egoistischen Interessen verfolgte, dient sie nun den Absichten und Zielen der Seele.

Entwicklungsbedingt gibt es in unserer heutigen Welt daher zwei Arten von Persönlichkeiten:

- Die **integrierte Persönlichkeit**, die selbstbewusst, eigenständig, aber auch egozentrisch ist, weil sie auf das persönliche Wohlergehen ausgerichtet ist und sich erst allmählich für die Impulse der Seele empfänglich zeigt.

- Die **seelenbewusste Persönlichkeit**, die dadurch gekennzeichnet ist, dass die Seele die Persönlichkeit beherrscht und mit ihr vereint ist. Nun sind die Ziele und Absichten im Leben am Gruppenwohl und nicht mehr ausschließlich am eigenen Glück, Erfolg und Wohlergehen orientiert.

In diesem letzten Stadium entwickelter Denkfähigkeit und ständiger Gedankenkontrolle erfolgt die frühere Zerstörung des Astralkörpers durch Abnutzung und durch »dynamisches Entgegenwirken« schon während der Inkarnation. Das ist möglich, wenn das menschliche Bewusstsein endgültig im Mentalkörper zentriert ist.

Dies ist die Lebensphase, in der ein Mensch beginnt, nach dem wahren Sinn des Lebens zu suchen. Deshalb will sich der inkarnierte Mensch auch nicht mehr vom Verlangen leiten lassen. Das, was vom illusorischen Astralkörper übrig bleibt, wird jetzt vom Denken beherrscht. Die Triebe nach Befriedigung des Verlangens werden willentlich zurückgewiesen, entweder wegen selbstsüchtigen, ehrgeizigen Strebens und gedanklicher Zielstrebigkeit der integrierten Persönlichkeit oder unter der Inspiration der Seelenabsicht, die das Denkvermögen ihren Plänen unterordnet.

In den Anfangsstadien des reinen Mentallebens geschieht dies durch den ›Wunsch zu wissen‹. Dieser erweckt das in der Mentalsubstanz eingeborene Licht und führt langfristig zur Erweiterung des Bewusstseins und zur Entwicklung des Kausalkörpers.

Später, wenn Seele und Denken eine enge Verbindung miteinander eingehen und der Mensch zu einer seelenbewussten Persönlichkeit geworden ist, kann er das ›Licht der Seele‹ durch Meditation und Lichtarbeit[17] verstärken und zur Klärung des emotional-gedanklichen Lebens nutzen. Und am Ende werden die letzten zurückbleibenden Spuren allen Verlangens mit Hilfe der ›Erleuchtung‹ aufgelöst.

Diese letzte Phase ist durch die völlige Identifizierung der Persönlichkeit mit der Seele gekennzeichnet. Es ist eine Umkehrung des früheren Zustandes, als sich die Seele mit der Persönlichkeit identifiziert hatte. Das ist auch gemeint, wenn wir von der Integration oder Verschmelzung dieser beiden sprechen, weil Seele und Persönlichkeit eins geworden sind.

Der Mensch hat nun jene Entwicklungsstufe erreicht, auf der alle Wünsche und Bestrebungen sowie die Lebensarbeit ganz der Erfüllung geistiger Absichten dienen. Und so beginnt er, auf Ebenen und von Ebenen aus zu wirken, die nicht zu den »3 Welten menschlicher Evolution« gehören, aber dennoch ihre Wirkungen und erstrebten Ziele in diesen Welten haben. Denn nun ist er zu einer Seelen-Persönlichkeit geworden, deren Intelligenz die Liebe und Weisheit der Seele einschließt.

---

[17] Gunda Scholdt, *Das Erwachen der Seele*, S. 387

ENTWICKLUNG ZUR SEELE

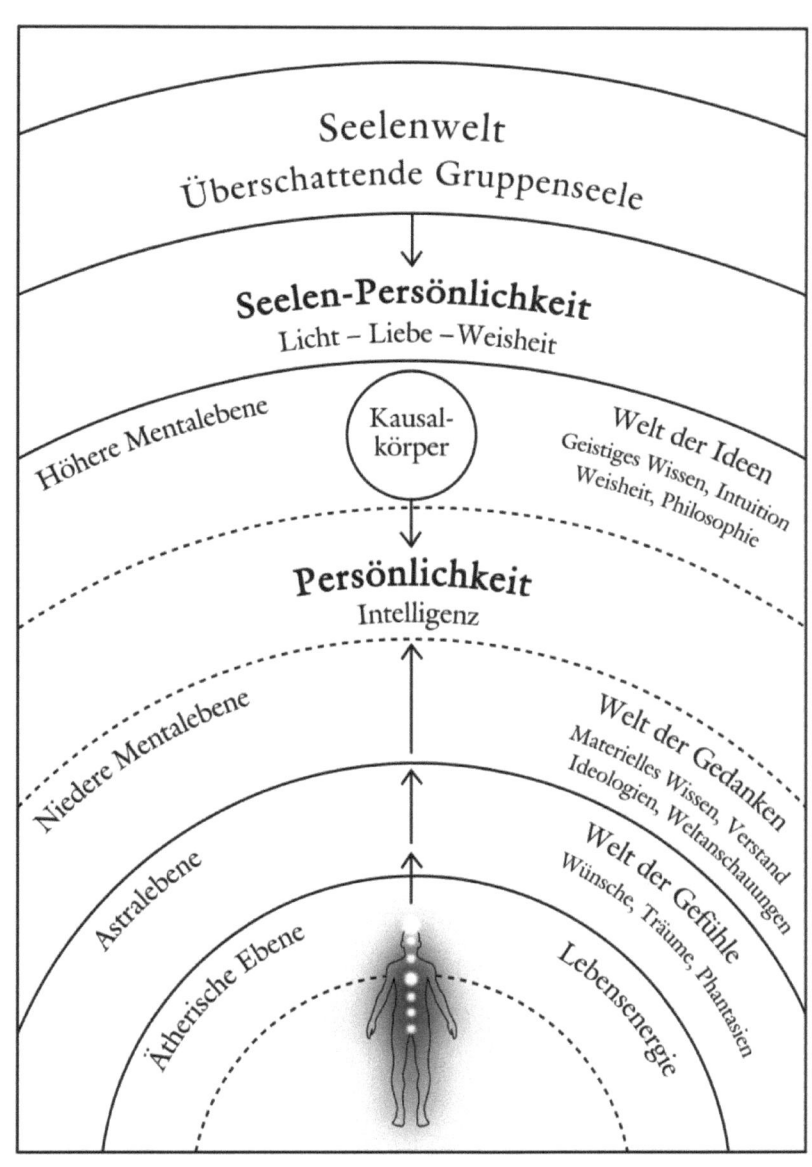

DER TOD AUS DER PERSPEKTIVE DER SEELE

Beim unentwickelten oder durchschnittlichen Menschen spielt die Seele beim Tod eine geringe Rolle. Sie trifft lediglich die Entscheidung, den Zyklus des inkarnierten Lebens zu beenden, bevor sie wieder zur physischen Ebene zurückkehrt.

Die »Keime des Todes« stecken im materiellen Körper und zeigen sich als Krankheit oder Altersschwäche. Krankheit und Tod sind dem Wesen nach Gegebenheiten, die der materiellen Substanz innewohnen. Und so lange ein Mensch sich mit seinem Körper identifiziert, untersteht er auch dem ›Gesetz der Auflösung‹. Dies ist ein grundlegendes Gesetz, das für das materielle Leben in allen Naturreichen gilt.

Währenddessen verfolgt die Seele ihre eigenen Interessen auf ihrer Ebene so lange, bis die Integration oder eine Beziehung zwischen Seele und ihrer materiellen Natur durch den Evolutionsprozess entstanden ist und die Seele sich mit ihrem Körper zutiefst eins weiß.

Man könnte also sagen, dass sich die Seele erst auf dieser Stufe wirklich inkarniert hat, sie »*steigt wahrhaft in die Erscheinungswelt herab*« mit ihrer ganzen Natur und Bewusstheit.

In den früheren Leben der inkarnierten Seele und in den meisten Zyklen der Lebenserfahrung kümmert sich die Seele nur sehr wenig um das, was vor sich geht. Die Erlösung der Substanz, aus der alle materiellen Formen erschaffen sind, verläuft in naturgegebener Weise, wobei das Karma der Materie die bestimmende und treibende Kraft ist.

Darauf folgt zu gegebener Zeit das Karma, das durch die Verschmelzung von Seele und Körper geschaffen wurde, obwohl die Seele in den Anfangsstadien nur sehr wenig Verantwortung hat. Das, was in der dreifachen Seelenhülle – den drei Körpern des Menschen – geschieht, ist notwendigerweise das Ergebnis der Tendenzen, die der materiellen Substanz innewohnen.

Auf fortgeschrittener Stufe zeigt sich die innewohnende Seelenqualität aber durch das ›Erwachen des Gewissens‹. So entsteht mit Hilfe des Gewissens ein erwachendes und schließlich ein erwachtes Bewusstsein, das sich als *Verantwortungsbewusstsein* für sich und die Umwelt bemerkbar macht.

Dadurch kommt es allmählich zu einer immer stärkeren Identifizierung der Seele mit ihrem ›Schatten‹, dem dreifachen körperlichen Menschen. Die Körper werden dann immer reiner, die Keime des Todes und der Krankheit sind nicht mehr so mächtig und die Feinfühligkeit gegenüber der inneren Seelenerkenntnis nimmt zu.

Im Verlauf der vielen Reinkarnationen verändert sich die Geisteshaltung der Seele wie folgt:

1. In den Anfangsstadien des Inkarnationskreislaufes besteht eine völlige Teilnahmslosigkeit. Der sogenannte »eingebettete Seelenaspekt« muss zunächst in einem langwierigen Prozess die Körper entwickeln, ihre Haupteigenschaften entfalten und die bittere Erfahrung der Blindheit und Unwissenheit durchmachen.

   Dieser Zeitraum ist der weitaus längste, und in dieser Phase befasst sich die Seele mit ihren eigenen Lebensinteressen auf ihrer eigenen Bewusstseinsebene.

2. Mit fortschreitender Evolution werden die drei nun erschaffenen und entwickelten Körperhüllen stark, und ihre Schwingung wird mächtig genug, um die Aufmerksamkeit der ›mit sich selbst beschäftigten Seele‹ bis zu einem gewissen Grad auf sich zu lenken.

   Die erste Reaktion ist eine Reizung. Dieses ›okkulte Gereiztsein‹ ist nicht schlechte Laune, sondern die Reaktion auf einen Kontakt, der oft nicht als angenehm empfunden wird. Mit anderen Worten: es gibt eine Reibung.

   Dies ist nicht zu verwechseln mit einem Gereiztsein, das wir erleben, wenn unser Persönlichkeitswille, unsere Selbstachtung, unsere Ideen oder Pläne auf Widerspruch stoßen. Das wäre eine reine Persönlichkeitsreaktion. Die ›okkulte Reizung‹ ist anders. Sie ist das Mittel der Seele, um uns ihre Existenz spürbar zu machen, solange wir bewusst noch nicht auf ihre Impulse reagieren.

Die zweite Reaktion der Persönlichkeit auf die Seele entsteht, wenn ein Mensch zu meditieren beginnt und dadurch einen Zuwachs an Kraft erlebt. Diese kann dann in den drei Welten dazu benützt werden, die Seelenenergie innerhalb des Körpers zu steigern und in jenen höheren Weisheitsbereich einzudringen, der unserer Persönlichkeit später zugänglich wird.

3. Wenn die Persönlichkeit bis zu einem gewissen Grad entwickelt ist, bringt die Seele einen neuen Faktor in das Leben ihres Spiegelbildes: die sich inkarnierende Seele. Sie mobilisiert und konzentriert ihre Energie und bringt sie durch einen Willensakt in direkten Kontakt mit der Persönlichkeit.

Dies löst in den drei Körpern des Menschen einen Reflex aus – die höheren Zentren[18] im Ätherkörper werden erweckt und bekommen eine mächtigere Ausstrahlung.

Das *Stirn-Zentrum* – das Zentrum der Persönlichkeit – verstärkt seine Aktivität und bewirkt zweierlei:

- Das Persönlichkeitsleben wird immer stärker, die Individualität eines Menschen wird deutlich sichtbar und gewinnt an Einfluss.

- Das *Kopfzentrum* wirkt auf das *Stirnzentrum* und ganz allmählich auch auf das *Basiszentrum* ein. Der Eigenwille nimmt zu, und der Mensch behauptet seinen Platz in der Welt.

4. Die Seele befindet sich nun in einem »Umkehrprozess«. Sie zeigt großes Interesse für ihr Spiegelbild in den drei Welten, und dann geschehen drei Dinge:

- Der Verstand oder das konkrete Denken werden für die von der Seele kommende *Erleuchtung* empfänglich.

---

[18] Gunda Scholdt, *Das Erwachen der Seele*, S. 117

- Die Energie der Seele strömt in zunehmendem Maße in die Persönlichkeit ein und verstärkt deren Konflikte, weil ein Mensch sich nun auf den Rückweg oder ›Geistigen Pfad‹ begeben hat.

Diese Stufe der Entwicklung bringt heftige Kämpfe mit sich, denn die Kraft der Persönlichkeit, die herrscht und selbst beherrscht wird, löst eine intensive karmische Wirksamkeit aus.

So lebt der geistig orientierte Mensch auch in einer Umwelt, die höchste Anforderungen an ihn stellt. Die Ereignisse und Umstände des Lebens wechseln schnell; er erlebt große Extreme, arbeitet seine karmischen Verpflichtungen ab und zahlt in rascher Folge die ›Strafe‹ für seine früheren Fehler. Denn er will sich charakterlich festigen und muss seinen Körper durch eine geänderte Lebensweise an die Energie der Seele anpassen, damit er künftig nicht mehr durch gesundheitliche oder psychische Probleme an seinen geistigen Zielen gehindert wird.

Seine Leben werden daher nicht problemlos, sondern schwierig und durch viele Herausforderungen gekennzeichnet sein, die seine ganze Intelligenz, Kraft und Ausdauer fordern, um gemeistert zu werden.

Und während dieser ganzen Zeit folgt Inkarnation auf Inkarnation, und der wohlbekannte Vorgang des Todes, der zwischen den Erfahrungszyklen eintritt, geht weiter.

Wenn die Persönlichkeit schließlich die Aufmerksamkeit nicht länger auf sich zieht, weil sie sich ihres inneren Wesenskerns bewusst geworden ist, dann hört die Reibung oder das ›okkulte Gereiztsein‹ auf, und es bleibt nichts bestehen als ein reiner Leitungsweg, durch den geistige Energie strömen kann.

Bei der nächsten Inkarnation bereitet sich die Seele dann ganz anders auf ihre Wesensäußerung in den drei Welten vor. Nun geht es nicht mehr darum, weitere Lebenserfahrungen zu machen, sondern um ein Leben des Dienens, in dem Weisheit und Liebe das Persönlichkeitsleben beherrschen.

Und wie wirkt sich diese Seelenentwicklung auf das Erleben des Todes aus?

In dem Maße, wie sich das intellektuelle Denken eines Menschen entwickelt und das Seelenbewusstsein zunimmt, gehen alle drei Tode – der physische, astrale und mentale – in einem immer wacheren Gewahrseinszustand vor sich. Der Mensch verlässt seine ätherische, astrale und mentale Hülle nicht mehr schlafend und unwissend, sondern das Verlassen jeder dieser Hüllen wird zu einem ebensolchen Ereignis, wie es der physische Tod ist.

Schließlich kommt einmal die Zeit, da der seelenbewusste Mensch mit überlegter Absicht, bei vollem Bewusstsein und mit wirklichem Wissen seine verschiedenen Hüllen verlässt. Unbeirrbar übernimmt die Seele die Herrschaft, und dann führt der Mensch durch einen Akt des Seelenwillens den Tod herbei und weiß genau, was er tut.

DER TOD AUF DEN UNTERSCHIEDLICHEN BEWUSSTSEINSEBENEN

Das Jenseits der Verstorbenen weist also die gleichen Unterschiede auf, wie es auch hier im physischen Leben der Fall ist. Um dies zu verdeutlichen, soll nochmals der tibetische Meister Djwhal Khul zu Wort kommen:

»Der Tod selbst ist ein Teil der großen Illusion und besteht nur infolge der Schleier, die wir um uns herum gezogen haben. (...)

Für den Unentwickelten ist der Tod tatsächlich Schlaf und Vergessen, denn das Denkvermögen ist noch nicht genügend erweckt, um reagieren zu können, und der Speicher der Erinnerungen ist praktisch noch leer.

Für den guten Durchschnittsbürger ist der Tod die Fortsetzung des Lebensprozesses im Bewußtsein und die Beibehaltung der Interessen und Tendenzen des Lebens. Sein Bewußtsein und sein Wahrnehmungssinn bleiben unverändert dieselben. Er spürt keinen großen Unterschied, wird wohl betreut und ist sich oft gar nicht bewußt, das Todesereignis durchgemacht zu haben.

Für den schlechten, äußerst egoistischen Menschen, für den Verbrecher und jene wenigen Menschen, die nur für die materielle Seite leben, ergibt sich jener Zustand, den wir ›erdgebunden‹ nennen. Die Ketten, mit denen sie sich an die Erde geschmiedet haben, und die erdwärts gerichtete Neigung aller ihrer Begierden zwingen sie, nahe bei der Erde und in der Nähe ihres letzten Aufenthaltes in der irdischen Umgebung zu bleiben. Sie suchen verzweifelt und mit allen Mitteln, den Kontakt mit ihr wiederherzustellen und zurückzukommen.

In einigen wenigen Fällen hält große persönliche Liebe zu den Zurückgelassenen oder das Versäumnis einer erkannten, dringenden Pflicht die Guten und Schönen in einem ähnlichen Zustand fest.

Für den Aspiranten ist der Tod ein unmittelbarer Eingang in eine Sphäre des Dienstes und der Wesensäußerung, an die er gut gewöhnt ist und die er sofort als altvertraut erkennt. In den Stunden des Schlafes hat er ein Betätigungsfeld des Dienens und Lernens entwickelt. Dort wirkt er jetzt die ganzen vierundzwanzig Stunden hindurch (um in Zeitbegriffen der physischen Ebene zu sprechen) anstelle der gewohnten wenigen Stunden seines irdischen Schlafes.

Bei hochentwickelten Menschen finden wir oft einen Sinn des Vorhersehens hinsichtlich der Zeit des Todes. Das hängt damit zusammen, daß solche Menschen Kontakt mit der Seele haben und sich der Wünsche der Seele bewußt sind. Manchmal kommt noch ein Wissen um den genauen Todestag dazu, verbunden mit der Erhaltung der Selbstbestimmung bis zum letzten Augenblick des Zurückziehens.

Beim geistig vollendeten Menschen gibt es noch viel mehr als das. Da besteht ein einsichtsvolles Verständnis für die Gesetze der Zurückziehung, das es demjenigen der den Übergang vollzieht, ermöglicht, sich bewußt und in vollwachem Gewahrsein aus dem physischen Körper herauszuziehen und so auf der Astralebene zu wirken. Dies setzt ein Bewahren der Kontinuität des Bewußtseins voraus, so daß zwischen der Bewußtheit auf der physischen Ebene und dem Zustand nach dem Tode keine Lücke entsteht.«[19]

---

[19] Im Anhang sind einige Bücher aufgeführt, die das Erleben im Jenseits u.a. durch mediale Durchsagen auf sehr anschauliche Weise schildern.

BEWUSSTES STERBEN
IN DER PRAXIS

WAS KÖNNTEN WIR TUN,
UM DIE TODESANGST ZU VERLIEREN?

Die Todesfurcht beruht auf folgendem:

- Dem Grauen vor dem endgültigen Losreißungsprozess im Todesakt selbst.
- Dem Entsetzen vor dem Unbekannten und Unerklärlichen.
- Dem Zweifel an der schließlichen Unsterblichkeit.
- Der Trauer, die geliebten Menschen zurücklassen zu müssen oder zurückgelassen zu werden.
- Aus alten Zeiten stammende Reaktionen auf vergangene, gewaltsame Tode – alte Erinnerungen, die tief im Unterbewusstsein liegen.
- Einem Anklammern an das physische Leben, weil wir uns im Bewusstsein vorwiegend mit diesem identifizieren.
- Alten Irrlehren über Himmel und Hölle; beides unerfreuliche Aussichten für Menschen, deren Kirchenzugehörigkeit sie daran glauben lässt.

Aber vor allem gründet die Angst und das Verdrängen des Themas Tod auf der Liebe zu unserer Körperlichkeit – unserer eigenen, aber auch zu den Körpern derer, die wir lieben, und zu der uns vertrauten physischen Umgebung und Umwelt.

Doch diese Art von Liebe ignoriert alle geistigen Lehren. Die Hoffnung auf die Zukunft, die Hoffnung auf unser Loskommen von dieser Angst liegt darin, dass wir uns der Tatsache unserer unsterblichen Seele bewusst werden. Ist der Tod doch in Wirklichkeit nur Unbewusstheit hinsichtlich dessen, was in den höheren Welten oder Bewusstseinssphären geschieht. Er ist die Wiedervereinigung unserer Seele mit der Überschattenden Gruppenseele, unserer seelischen Heimat, aus der wir in die materielle Welt herabgestiegen sind, um in den vier materiellen Körpern Erfahrungen zu machen. Und wenn die Erfahrungen dieser Inkarnation beendet sind, führt das ›Gesetz der Anziehung‹, dem die Seele folgt, den Tod herbei.

Das ›Gesetz der Anziehung‹ herrscht in den »3 Welten menschlicher Evolution« und bringt **Opfer und Tod**.

Der **Tod** ist auf der physischen Ebene vorherrschend, denn die Zerstörung der Form ist eine der grundlegenden Methoden der Evolution, um dem Leben in seiner fortschreitenden Entwicklung immer besser geeignete Körper zu verschaffen.

Das **Opfer** bedeutet den Tod der feineren Körper (Astral- und Mentalkörper), während das, was wir Tod nennen, der entsprechende Vorgang im Physischen ist.

Tod und Opfer regeln die allmähliche Auflösung verdichteter Formen und deren Aufopferung zugunsten des sich entwickelnden geistigen Lebens. Dadurch zieht sich die inkarnierte Seele aus dem »Gefängnis des Körpers« zurück und wird frei.

Auflösung durch Zerstörung der Formen ist notwendig, damit sich das innewohnende Leben in seiner ganzen Fülle manifestieren kann. Das *Gesetz der Auflösung*, ein Aspekt des Todesgesetzes, bricht die Formen, und das *Gesetz der Anziehung* zieht den Stoff dieser Formen in seine Ursprungsquellen zurück.

Der physische Tod ist also grundlegend für jede Evolution. Er ist ein Weg, um das von Bewusstsein erfüllte Lebensprinzip aus den Körperformen in den drei Welten zurückzuziehen. Und Zurückziehung ist stets ein Anzeichen für ein Weitergehen, für Fortschritt und Entwicklung.

Esoterisch betrachtet ist der Tod also tatsächlich die Befreiung aus einer einschränkenden physischen Hülle und ein Aufstieg in eine höhere Ebene des Seins. Doch welche Höhe unser Bewusstsein nach dem physischen Tod erreichen kann, das bestimmen wir durch die Art, wie wir leben und wo wir den Schwerpunkt unseres Interesses, unseres Erlebens und unserer Erfahrungen legten.

War unser Leben eher durch materielle Interessen bestimmt oder durch starke emotionale Erlebnisse, Wünsche und Leidenschaften oder waren wir Denker und am Ende schließlich spirituell Suchende?

Dies und genau nur dies ist auch bestimmend für die Art unseres Sterbens, und deshalb glaube ich, dass wir uns gerade im Westen für die ›Kunst des bewussten Sterbens‹ interessieren sollten, die in den Archiven tibetischer Klöster auf unser Entdecken wartet. Denn so könnten die irrtümlichen Gedanken über den Tod aussterben, und die Höllenvorstellung, die durch die falsch ausgelegten christlichen Lehren viele Menschen erschreckt und verängstigt hat, würde langsam verblassen, in dem Maße, wie die Menschen lernen, schon während ihrer physischen Existenz an der eigenen Erlösung zu arbeiten.

Und zu diesem Zweck dienen die nachfolgenden Hinweise, die – falls wir sie als mögliche Hypothesen annehmen – viel Licht auf das Thema Tod werfen. Sie könnten uns bei der Begleitung von Sterbenden eine wertvolle Entscheidungshilfe sein, denn sobald wir erkennen, dass das Leben über den physischen Tod hinausreicht, werden wir dem Vorgang des Sterbens ganz anders begegnen.

Wir könnten ihn dann als Befreiung sehen, als glorreiche Vollendung einer Inkarnation, die uns auf unserem ›Weg zur Seele‹ wieder ein Stück weitergebracht hat. Denn die Ernte unseres Lebens wird uns nun in der Stunde des Todes zuteil, in der wir die Wiedervereinigung mit der Gruppenseele erleben, mit dem »Großen Licht«, das uns wieder in sich aufnimmt.

WIE SINNVOLL IST DIE KÜNSTLICHE VERLÄNGERUNG DES LEBENS?

Solange die westliche Medizin den Menschen als physischen Körper und nicht als Seele betrachtet, wird sie auf jedwede Weise versuchen, das Leben eines Patienten zu verlängern. Und dies geschieht heute in einem Maße, wie es vor wenigen Jahrzehnten noch undenkbar war, weil der technische Fortschritt viele ›Ersatzteile‹ für versagende Körperorgane entwickelt hat, die uns im Schnitt länger leben lassen.

Diese Möglichkeit, die wir als große Chance begreifen, führt aber nicht selten dazu, dass das Leiden von Patienten unnötigerweise verlängert wird, obwohl dahinter natürlich die Überzeugung steht, zum Besten eines Patienten zu handeln. Doch wie sinnvoll ist es, den Körper eines Menschen künstlich am Leben zu erhalten, der so beeinträchtigt oder durch Krankheit so stark behindert ist, dass ein Mensch nicht mehr eigenständig und in Würde leben kann und dies auch selbst so empfindet?

Naturgemäß stirbt ein Mensch, wenn der Lebenswille aufhört. Er will dann keine Nahrung mehr zu sich nehmen, weil der Körper Essen und Trinken nicht mehr auf natürliche Weise verarbeiten kann. Doch nun werden in Krankenhäusern oder Pflegeheimen oft todkranke Menschen, die kaum noch bei vollem Bewusstsein sind, künstlich ernährt, um sie am Leben zu erhalten, obwohl sie das Leben innerlich schon lange aufgegeben haben. Ist das wirklich human? Haben wir tatsächlich die Pflicht und das Recht, einen Körper durch Apparate am Sterben zu hindern, wenn er ohne diese nicht mehr lebensfähig wäre?

Ich denke, dass es an der Zeit ist, uns diese Frage zu stellen. Ist es wirklich sinnvoll, wenn wir Menschen, die nicht mehr eigenständig leben können und wollen, Behandlungen aufzwingen, die das Sterben nur verlängern?

Gerade in der heutigen Zeit, der vielfältig geführten Diskussionen über das ›Recht auf einen selbstbestimmten Tod‹ und eine passive oder aktive Sterbehilfe scheint es mir besonders wichtig, uns mit dem esoterischen Wissen über den Tod zu beschäftigen. Nur so werden die hitzigen, oft sehr moralisch und fanatisch geführten Kontroversen über dieses Thema aufhören. Denn esoterisch betrachtet endet das Leben nicht mit dem Tod, sondern wird auf einer anderen Ebene weitergeführt. Und wenn ein Körper für ein menschenwürdiges Leben wirklich nicht mehr geeignet ist, sollte sich ein Mensch dann nicht aus ihm befreien dürfen? Ist es wirklich mitfühlend und liebevoll, wenn wir Körper künstlich am Leben erhalten, die das Leiden eines Patienten nur verlängern, den Tod aber nicht aufhalten können?

Diese Frage muss jeder für sich selbst beantworten. Doch wäre es nicht menschlich, wenn jeder das Recht hätte, die Entscheidung darüber frei zu treffen? Und sollte er sein unerträgliches Leiden beenden wollen, wäre es da nicht ein Akt der Liebe, wenn die Medizin helfen dürfte?

Auch in diesem Punkt kann uns die Esoterik durchaus nachdenklich machen, denn die Gewissheit der Unsterblichkeit der Seele rückt den physischen Tod wie auch die Sterbehilfe in eine völlig andere Perspektive:

»Heute wird häufig – sowohl im Alter wie in der Kindheit – ein Leben in der Form erhalten, dem man eine Befreiung gewähren könnte. Es dient keinem nützlichen Zweck und verursacht viel Schmerz und Leiden den Formen, welche die Natur (wenn man sie sich selbst überließe) nicht lange verwenden, sondern auslöschen würde. Beachtet dies. Durch die übermäßige Bedeutung, die wir dem Formleben zumessen, durch die allgemein vorhandene Todesfurcht – die Furcht vor jenem großen Übergang, dem wir alle ins Auge sehen müssen –, durch unsere Ungewißheit, ob es wirklich eine Unsterblichkeit gibt, sowie durch unser Anklammern an die Form halten wir die natürlichen Vorgänge an und fesseln das Leben, das nach Freiheit ringt, an Körper, die für die Absichten der Seele ganz ungeeignet sind. Versteht mich nicht falsch. Ich will absolut nichts sagen, was eine Belohnung auf den Selbstmord aussetzen könnte. Ich erkläre jedoch ganz ausdrücklich, daß das Karmagesetz oft beiseitegeschoben wird, wenn man Formen vor der Auflösung bewahrt, die verlassen werden sollten, da sie keinem nützlichen Zweck mehr dienen.

Diese Erhaltung wird in den meisten Fällen von der Gruppe des betreffenden Patienten erzwungen und nicht von ihm selbst, der häufig ein unbewußter Kranker, ein alter Mensch ist, dessen physische Ausrüstung für Kontakt und Reaktion schon mangelhaft ist, oder aber ein Kleinkind, das nicht normal ist. Diese Fälle sind ganz klare Beispiele für eine Aufhebung des Karmagesetzes.

Die Seele lernt durch innere Angleichung, Zeit in der rechten Weise anzuwenden; oder besser gesagt: das Gehirn, das der einzige zeitbewußte Faktor im Menschen ist, ist nicht länger das beherrschende Attribut; das Denkvermögen, als das Werkzeug der Seele (deren Bewußtsein Vergangenheit, Gegenwart und Zukunft umfaßt), sieht Leben und Erfahrung so, wie sie wirklich sind. Der Tod bedeutet daher nur eine Episode, einen Übergang in einer ungeheuren Reihe von Übergängen. Wenn man diese Haltung der Seele versteht, dann wird sich unsere gesamte Lebensweise und infolgedessen auch unser Sterben vollständig ändern.

Was die Verlängerung der Lebensspanne anbetrifft, die sich während des letzten Jahrhunderts wissenschaftlicher Erfolge eingestellt hat, so möchte ich darauf hinweisen, daß echte Methoden und die Möglichkeiten eines planvollen Seelenwirkens auf der physischen Ebene stets verzerrt und falsch dargestellt werden durch frühere wissenschaftliche Bemühungen, die zwar richtige Motive haben, jedoch nur ein Symbol in der äußeren Lebenssphäre für kommende und gewöhnlich in der Zukunft liegende Aktionen der Seele sind. Die Lebensspanne wird schließlich willentlich verkürzt oder verlängert werden von Seelen, die bewußt dienen und den Körpermechanismus als ein Instrument verwenden, mit dem man dem Plane nützlich sein kann.«

Djwhal Khul

Natürlich behält die moderne palliative Medizin ihre Nützlichkeit. Sie sollte in keinem Fall eingeschränkt werden, denn Schmerz verzehrt viel Kraft und hat einen starken Einfluss auf das Nervensystem. Doch wenn ein Zustand eingetreten ist, in dem ein Mensch sich erschöpft hat und wirklich sterben will, sollten wir ihm erlauben zu gehen und bei dem großen Übergang helfen.

»Denn nach dem Gesetz der Anziehung übt die Seele am Ende eines Lebenslaufes mit voller Absicht ihre Anziehungskraft derart aus, daß sie die der Materie innewohnende Anziehungskraft aufhebt. Dort, wo kein Seelenkontakt bewußt hergestellt wurde, wie es ja bei den meisten heute lebenden Menschen der Fall ist, tritt der Tod als ein unerwartetes oder trauriges vorzeitiges Ereignis ein. Und dennoch ist er eine echte Seelenwirksamkeit.« Djwhal Khul

Wenn das immer mehr Menschen annehmen könnten, würde sich unsere Lebenseinstellung allmählich vollkommen verändern. An die Stelle der Angst vor dem Tod würde die Gewissheit der Wiedergeburt treten, die uns erkennen lässt, dass die Seele ihre Erfahrungen über die Jahrtausende in vielen verschiedenen Körpern sammelt, die immer wieder verlassen werden müssen. Und dies geschieht durch den Willen der Seele, die die Verbindung mit dem Körper unterbricht, indem sie ihre Lebenskraft aus dem physischen Körper zurückzieht.

Wichtig ist aber: Das Bewusstsein bleibt dasselbe, ob in oder außerhalb der physischen Inkarnation. Die Entwicklung kommt sogar leichter voran, wenn sie durch das Gehirnbewusstsein nicht begrenzt und bedingt wird.

Was geschieht auf dem Totenbett, wenn ein Mensch auf natürliche Weise stirbt?

Das Sterben wird täglich in Krankenhäusern wie auch im häuslichen Bereich erlebt und beobachtet, und doch ist es bis heute ein Mysterium geblieben, weil wir nicht wissen, was der Sterbende wirklich erlebt oder bewusst wahrnimmt.

Und so fühlen wir uns am Totenbett oft hilflos und unsicher, wenn das Sterben beginnt. Macht unsere Anwesenheit und Anteilnahme noch Sinn? Werden wir überhaupt noch wahrgenommen? Sind wir eine Hilfe oder möchte der Sterbende sich in Ruhe und Konzentration vom Leben verabschieden?

Die folgende Beschreibung des Sterbeprozesses in seinem realen Ablauf hält sich exakt an die Mitteilungen des Meisters Djwhal Khul, und sie könnte dazu beitragen, uns bewusst zu machen, dass das Sterben über die physische Ebene hinausreicht.

Was geschieht also wirklich, wenn die Stunde des Todes naht?

1. Die Seele lässt – von ihrer eigenen Ebene aus – ein »Wort der Zurückziehung« ertönen, und dadurch wird unmittelbar ein innerer Prozess und eine Reaktion im Menschen auf der physischen Ebene veranlasst.

   • Am Sitz der Krankheit stellen sich bestimmte physiologische Vorgänge ein, und zwar in Bezug auf das Herz. Dadurch werden auch die drei großen Systeme in Mitleidenschaft gezogen, die den physischen Menschen so stark bestimmen: der Blutstrom, das Nervensystem und das endokrine Drüsensystem.

   • An den Nadis läuft eine Schwingung entlang. Die Nadis, das ätherische Gegenstück zum gesamten Nervensystem, liegen jedem einzelnen Nerv im gesamten physischen Körper zugrunde. Sie sind die Vermittler der Leitimpulse der Seele, da sie auf die Schwingungstätigkeit reagieren, die vom ätherischen Gehirn ausgeht. Sie leisten dem gebietenden WORT Folge, reagieren auf den »Zug« der Seele und bereiten sich dann für die Zurückziehung vor.

- Nun wird der Blutstrom infolge der beiden vorhergehenden Stadien innerlich verändert. Auf den Ruf des Todes hin spritzen die endokrinen Drüsen eine Substanz in den Blutstrom ein, die das Herz angreift, in dem der Lebensfaden verankert ist. Diese Substanz im Blut ist «todbringend« und eine der Hauptursachen für das Koma oder den Verlust des Bewusstseins. Sie verursacht eine Reflextätigkeit im Gehirn, eine Wirkung, die bis jetzt von der Schulmedizin noch nicht bewiesen werden konnte.

- Ein psychisches Zittern tritt ein; es bewirkt die Lockerung oder den Bruch des Zusammenhanges zwischen den Nadis und dem physischen Nervensystem. Der Ätherkörper wird dadurch von seiner dichten Hülle getrennt, obwohl er noch immer jeden ihrer Teile durchdringt.

2. An diesem Punkt tritt häufig eine Pause von kürzerer oder längerer Dauer ein. Sie wird gewährt, damit der Lockerungsprozess so glatt und schmerzlos wie möglich vor sich gehen kann. Diese Lockerung der Nadis beginnt in den Augen. Der Loslösungsprozess zeigt sich in der Entspannung und Furchtlosigkeit, die man bei Sterbenden oft feststellen kann. Sie erleben einen Zustand des Friedens, sind bereit zu gehen und nicht mehr in der Lage, sich noch irgendwie gedanklich anzustrengen. Es ist, als ob der Sterbende – obwohl noch bei Bewusstsein – alle seine Kräfte für die letzte Zurückziehung sammeln würde.

3. Danach beginnt sich der Ätherkörper – von allen Nervenverbindungen losgelöst – zum endgültigen Abgang zu sammeln. Er zieht sich aus den Extremitäten zurück und verdichtet sich an dem Ausgang, der seiner Entwicklung entspricht; und dort wartet er auf den letzten Zug der leitenden Seele. Bis zu diesem Punkt ist alles nach dem ›Gesetz der Anziehung‹ vor sich gegangen, nach dem magnetischen, anziehenden Willen der Seele.

Nun macht sich ein anderer Zug oder Anziehungsimpuls bemerkbar. Der physische Körper – die Gesamtheit der Organe, Zellen und Atome – wird jetzt durch die Tätigkeit der Nadis immer mehr aus der Zusammenhaltekraft des Ätherkörpers befreit und beginnt auf die Anziehung der Materie selbst zu reagieren. Dies ist der sogenannte »irdische Zug«, der durch jene geheimnisvolle Wesenheit ausgeübt wird, die die Esoterik den »Erdgeist« nennt.

Diesem »Sammelbecken materiellen Lebens« wird die Substanz aller Formen zurückgegeben. Die Rückerstattung der materiellen Form, die von der Seele während eines Lebenslaufes benutzt wird, besteht darin, der materiellen Welt das zurückzugeben, was ihr entnommen wurde, während die Seele zu ihrer geistigen Quelle zurückkehrt, von der sie ausgesandt wurde.

In diesem Stadium ist also ein zweifacher Prozess erkennbar:
• Der Äther- oder Lebenskörper wird auf seinen Austritt vorbereitet.
• Der physische Körper reagiert auf die Auflösungskräfte.

Hinzu kommt aber noch eine dritte Wirkung: der Wille des bewussten Menschen. Langsam zieht er sein Bewusstsein in die astrale und mentale Hülle zurück als Vorbereitung auf die vollständige Zurückziehung des Ätherkörpers, wenn die Zeit dafür gekommen ist. So verliert der Mensch allmählich sein Interesse an der äußeren Welt und zieht sich immer mehr in sich selbst zurück.

Bei einem fortgeschrittenen Menschen findet dies bewusst statt. Seine lebendigen Interessen und sein Bewusstsein für die Beziehungen zu anderen bestehen weiter, auch während er die Gewalt über seinen physischen Körper verliert.

Im hohen Alter können wir dieses Sichloslösen leichter feststellen als beim Tod durch Krankheit. Häufig lässt sich beobachten, wie die Seele – der lebendige innere Mensch – die Herrschaft über die physische Welt verliert.

4. Wiederum folgt eine Pause. An diesem Punkt kann das physische Element manchmal seinen Einfluss auf den Ätherkörper wieder zurückgewinnen, wenn dies der Seele wünschenswert erscheint. Dies

ist der Fall, wenn der Zeitpunkt des geplanten Todes noch nicht gekommen ist oder wenn das physische Element eine solche Macht besitzt, dass es den Sterbeprozess verlängern kann. Dieses physische Elementarleben kann manchmal Tage und Wochen lang kämpfen, wenn die Bindung an das physische Leben besonders stark ist.

Falls der Tod aber unabwendbar ist, ist die Pause an dieser Stelle äußerst kurz; sie dauert manchmal nur Sekunden. Das physische Element hat seine Gewalt verloren, und der Ätherkörper wartet auf den letzten »Ruck« von der Seele, die nach dem *Gesetz der Anziehung* wirkt.

5. Der Ätherkörper steigt aus dem physischen Körper aus, schrittweise und an dem gewählten Ausgang. Wenn dieser Ausstieg vollzogen ist, nimmt er ungefähr den Umriss der Form an, die er vorher belebte. Dies geschieht unter dem Einfluss der Gedankenform, die sich der Mensch all die Jahre hindurch von sich gemacht hat. Diese Gedankenform besteht in jedem Menschen, und sie muss zerstört werden, ehe der zweite Tod endgültig abgeschlossen ist.

Obwohl der Ätherkörper nun aus dem Gefängnis des physischen Körpers befreit ist, so ist er doch noch nicht von seinem Einfluss frei. Es besteht noch eine geringfügige Verbindung zwischen beiden, und diese hält den geistigen Menschen immer noch in der Nähe des eben verlassenen Körpers fest. Deshalb behaupten Hellseher oft, dass sie sehen, wie der Ätherkörper um das Totenbett oder den Sarg herumschwebt. Noch immer durchdringen ihn die integrierenden, zusammenhaltenden Energien des Astralkörpers und Mentalkörpers, und im Mittelpunkt ist ein Lichtkern, der auf die Anwesenheit der Seele hindeutet.

6. Doch allmählich zerteilt und zerstreut sich der Ätherkörper in dem Maße, wie die Energien, aus denen er besteht, in die Ätherhülle der Erde gezogen werden und sich wieder mit ihr vereinigen. Dieser Zerstreuungsprozess wird durch die Verbrennung sehr gefördert.

Beim seelisch unbewussten Menschen kann es sein, dass der Ätherkörper noch eine lange Zeit hindurch in der Nähe seiner äußeren, zerfallenden Hülle verweilt, da der Zug der Seele nicht so stark ist wie der des materiellen Aspektes.

Wenn ein Mensch fortgeschritten ist und sich in seinem Denken von der physischen Ebene gelöst hat, kann die Auflösung des Ätherkörpers sehr rasch vor sich gehen.

Ist sie einmal vollzogen, dann ist der Rückerstattungsprozess beendet, und der Mensch ist – wenigstens zeitweilig – befreit von allen Reaktionen gegenüber der Anziehungskraft der physischen Materie. Er weilt in seinen feineren Körpern und ist bereit für den großen Akt, den die Esoterik die »Kunst der Ausmerzung« nennt.

Zum Schluss dieser kurzen Betrachtung über das physische Sterben in seinen beiden Aspekten wäre noch zu erwähnen, dass die Integrität oder Unverletzlichkeit des inneren Menschen weiter besteht. Er bleibt er selbst. Unberührt und unbehindert ist er frei und unabhängig in Bezug auf die physische Ebene und reagiert jetzt nur noch auf:

- die Qualität seines astral-emotionalen Körpers,
- den Mentalzustand, in dem er gewohnheitsmäßig lebt,
- die Stimme der Seele, die ihm oft fremd, manchmal aber wohlbekannt ist und die geliebt wird.

Wichtig ist aber:

> *Die Individualität geht nicht verloren. Derselbe Mensch ist noch immer auf dem Erdenplaneten vorhanden. Nur der sichtbare Körper ist verschwunden. Das, was geliebt oder gehaßt wurde, was für die Menschheit nützlich oder eine Belastung war, was ihr gedient hat oder für sie wertlos war, all das bleibt weiter bestehen und wird immer bleiben.«* Djwhal Khul

Und was hindert uns nun, dies wahrzunehmen?

Sicher haben schon viele gehört, dass es eine Reihe von Menschen gibt, die sich über Medien oder Engelberaterinnen mit Verstorbenen in Verbindung setzen oder andere, die der festen Überzeugung sind, dass Verstorbene mit ihnen in Kontakt stehen und sie das auch wahrnehmen können. Das kann der Fall sein, ist aber nicht immer zutreffend. Denn häufig besteht die telepathische Verbindung, die zwischen einem Trance-Medium und den hinterbliebenen Verwandten oder Freunden zustande kommt, nicht zwischen dem Verstorbenen und dem noch Lebenden. Vielmehr liest das Medium in der Aura des Fragenden, und die Antworten ergeben sich aus dem Wissen und Wunschdenken dessen, der Kontakt mit dem Verstorbenen sucht, in der Vorstellung, dass ein Toter unbedingt weiser sein müsse als der noch Lebende. Das ist aber oft nicht so, denn der Verstorbene behält das Bewusstsein, das er beim Verlassen des physischen Körpers hatte.

Eine zweite Möglichkeit ist die mediale Vermittlung, die auf Hellsehen oder Hellhören beruht, aber nicht auf Trance. Das erfordert immer noch einen Kontakt über eine dritte Stelle, und weil eine solche mediale Übermittlung gänzlich astral ist, ist sie nicht selten voller Trugbilder und Irrtümer und daher auch nicht zuverlässig.

Eine echte Verbindung kann durch ein Medium zuweilen gelingen, aber nur dann, wenn der Fragende und der Tote mental entwickelt sind und daher eine echte telepathische Verbindung zwischen ihnen besteht, die das Medium auffängt.

Und weil die Menschheit Fortschritte macht und ihr Gedankenleben immer stärker wird, ist für die fernere Zukunft zu erwarten, dass wir es tatsächlich schaffen werden, eine Verbindung zwischen Toten und Lebenden auf mentaler Ebene herzustellen. Denn nur über diese Ebene ist eine wahre Verbindung und telepathische Verständigung zu erreichen.

Allerdings bleibt auch diese telepathische Verbindung nur solange bestehen, bis die Seele sich endgültig von ihrem alten Leben trennt und auf eine neue Inkarnation vorbereitet.

WELCHE BESTATTUNG IST DIE RICHTIGE?

Wenn ein Mensch stirbt, ist eine wichtige Entscheidung zu treffen, nämlich die Art der Bestattung, die in unterschiedlichen Kulturkreisen unserer Erde traditionell unterschiedlich ist. Während in Indien Verbrennung normal ist, haben wir im Westen traditionell eine Erdbestattung gepflegt, die aber erhebliche Probleme aufwirft, wenn wir bereit sind, einmal intensiver darüber nachzudenken.

1. Mit dem Erdbegräbnis werden Körper vergraben, die in vielen Fällen die Keime einer ernsten ansteckenden Krankheit oder Umweltgifte in sich tragen, die ins Erdreich zurückgebracht werden und hier im Zuge der Naturverbundenheit der gesamten Materie ins Grundwasser, aber auch in die Nahrungskette gelangen. Deshalb müssten Friedhöfe aus Gesundheits- und Hygienegründen eigentlich als ungesunde Plätze betrachtet werden.

2. Die Gräber stellen die Menschheit vor ein Platzproblem, aufgrund der explosionsartigen Zunahme der Erdbevölkerung.

3. Der tote Körper, der in der Erde bestattet wird, braucht lange Zeit für den Verwesungsprozess, was viele »erdgebundene Seelen« dazu veranlasst, sich am eigenen Grab aufzuhalten und beim verwesenden Körper zu bleiben. Und dies ist für die Seelenentwicklung nicht förderlich, weil es den schnellen Aufstieg ins Licht verhindert.

So ist es durchaus richtig, was viele Hellsichtige beobachten, dass im Falle einer Erdbestattung der Ätherkörper oder Doppelgänger dazu neigt, lange Zeit auf dem »Feld der Ausstrahlung« zu verweilen, wenn der physische Körper begraben ist, und oft besteht er so lange weiter, bis der grobe Körper vollständig zerfallen ist.

Das Verfahren des Mumifizierens, das in Ägypten gepflegt wurde, und das der Einbalsamierung, die auch im Westen zuweilen angewandt wird, sind die Ursache dafür, dass der Ätherkörper manchmal Jahrhunderte lang fortbesteht. Und hier liegt wohl auch die Erklärung für die zahlreichen mysteriösen Todesfälle von Grabräubern oder Mumienforschern, denn die umherirrenden »erdgebundenen Seelen« bedienen sich zuweilen dieser noch nicht zerfallenen Hüllen.[20]

Es ist daher erfreulich, dass die Verbrennung heute immer mehr zur Regel wird. Und dies sowohl aus geistiger wie materieller Sicht.

Aus geistiger Sicht ist die Verbrennung die einzig empfehlenswerte Methode, denn sie beschleunigt das Loskommen der feinen Körperhüllen (die die Seele noch umgeben) vom Ätherkörper. Die Befreiung erfolgt dann in ein paar Stunden anstatt in einigen Tagen. Denn mit Hilfe des Feuers werden alle Formen aufgelöst. Je schneller die menschliche physische Hülle zerstört wird, desto schneller wird ihre Herrschaft über die sich zurückziehende Seele gebrochen.

So kann eine Verbrennung auch schon wenige Stunden nach dem Tod erfolgen, nachdem der Arzt den wirklichen Tod festgestellt hat und man ganz sicher ist, dass kein Lebensfunke mehr im physischen Körper zurückgeblieben ist. Dieser vollständige oder wirkliche Tod tritt ein, wenn der Bewusstseinsfaden und der Lebensfaden vollständig aus dem Kopf und dem Herzen zurückgezogen worden sind. Das dauert im Schnitt nicht mehr als einen halben Tag, wenn ein Mensch auf natürliche Weise stirbt, ohne Apparatetechnik oder lebensverlängernde Maßnahmen.

Die Dreitage-Frist, die in westlichen Ländern zwischen Tod und Begräbnis vorgeschrieben ist, hat natürlich ihre Berechtigung, aber sie gilt mehr für die Hinterbliebenen als den Toten, denn ihnen hilft diese Zeit, sich an den Gedanken zu gewöhnen, dass die geliebte Formgestalt eines nahestehenden Menschen bald nicht mehr sein wird. Dieses Zeitelement hat also hauptsächlich für die Hinterbliebenen, aber nicht für den Toten eine Bedeutung.

Die in esoterischen Kreisen zuweilen geäußerte Behauptung, dass der Ätherkörper nicht in die Flammen gestürzt werden dürfe, und der

[20] anschaulich beschrieben in: Charles W. Leadbeater, *Die Astralwelt*

Glaube, dass man ihn eine bestimmte Anzahl von Tagen umhertreiben lassen müsse, haben keine echte Grundlage. Vom Ätherischen aus gesehen besteht kein Grund zur Verzögerung. Wenn sich der innere Mensch von seiner physischen Hülle zurückzieht, zieht er sich gleichzeitig aus dem Ätherkörper zurück.

Es gibt aber noch eine viel tiefere, esoterische Begründung für die Verbrennung, denn Feuer ist das Element, das in der Lage ist, die Astralebene zu reinigen.

Auf diese Weise wird die »Abwärtstendenz des Verlangens« aufgehalten, die ein Hindernis in der Entwicklung der sich befreienden Seele darstellt. Die Neigung, sich zur Erde hingezogen zu fühlen wird verhindert, denn das Feuer[21] treibt den »formschaffenden Aspekt des Verlangens« zurück, so dass es für die Seele keinen Ansatzpunkt mehr im Physischen gibt.

Und wer für eine noch okkultere Erklärung empfänglich ist, der sei an die Worte in der Bibel erinnert: »*Gott ist ein verzehrendes Feuer*«. Feuer ist esoterisch betrachtet ein Hauptaspekt des Göttlichen und zu diesem hat die Astralebene keine echte Beziehung, da sie ganz von der menschlichen Psyche und nicht von der geistigen Seele geschaffen wurde.

So scheint die zunehmende Tendenz zur Feuerbestattung sowohl aus materieller wie aus geistiger Sicht die bessere Methode zu sein. Sie könnte uns langfristig helfen, die Verstorbenen nicht am Grab aufzusuchen, sondern zu wissen, dass wir jederzeit und wo immer wir auch sind, Kontakt mit ihnen haben können, sobald wir ihrer mit geöffnetem Herzen gedenken.

---

[21] Diesem Gedanken liegt auch das biblische Bild des »Fegefeuers« zugrunde.

WAS KÖNNTEN WIR TUN, UM UNS ODER ANGEHÖRIGEN DAS STERBEN ZU ERLEICHTERN?

Eine liebevolle Begleitung, wie sie heute schon oft geschieht, ist natürlich das Beste, was wir für Angehörige tun können. Andererseits ist es in der heutigen Zeit, wo die Apparate-Medizin den Willen des Sterbenden oft außer Kraft setzt, nicht leicht, das Richtige zu tun.

Hilfreich wäre es, wenn im Zimmer eines Sterbenden Stille herrscht, damit dieser sich leichter auf den Prozess des Übergangs konzentrieren kann. Da der Sterbende oft nicht mehr bei Bewusstsein ist, könnten wir annehmen, dass er nichts mehr wahrnimmt. Diese Bewusstlosigkeit scheint eingetreten zu sein, ist aber nicht wirklich. In den meisten Fällen ist eine Gehirn-Wahrnehmung vorhanden, und der Sterbende ist sich der Ereignisse um ihn herum voll bewusst. Gleichzeitig besteht aber eine vollständige Lähmung des Willens, sich zu äußern, und völlige Unfähigkeit, die Energie aufzubringen, die Leben andeuten würde. Wenn Stille und Verständnis das Krankenzimmer beherrschen, kann die scheidende Seele mit Klarheit bis zur letzten Minute ihren Körper in Besitz behalten und angemessene Vorbereitungen treffen.

Wie wir bereits gesehen haben, besteht der Tod aus einem zweifachen Vorgang, der vor allem mit dem Ätherkörper, dem Doppelgänger oder Energiekörper zu tun hat.

Zunächst wird die ätherische Substanz gesammelt und zurückgezogen, so dass sie nicht länger den physischen Organismus durchdringt. Danach wird sie in jenem vorstehenden Teil des Ätherkörpers verdichtet, der den dichten Körper immer wie eine Hülle umgeben, aber nicht durchdrungen hat. Falls die endgültige Todeszeit noch nicht erreicht wurde, kann eine Wiederbelebung dadurch erfolgen, dass die zurückgezogenen ätherischen Kräfte dazu gebracht werden, den Körper wieder zu durchdringen. Denn die Verbindung mit allen zurückgezogenen Kräften wird bis zu diesem Zeitpunkt durch das *Kopfzentrum*, das *Herzzentrum* oder das *Solarplexuszentrum* wie auch über die beiden *kleineren Brustzentren* aufrechterhalten.

Doch wenn der Tod unabwendbar ist, zieht sich die Lebenskraft aus dem physischen Körper zurück und sammelt sich mehrere Zentimeter außerhalb des Körpers in der ätherischen Aura. Nun wird von der sich zurückziehenden Seele das »Wort des Todes« gesprochen, was eine Rückkehr ins Leben unmöglich macht.

Ab diesem Zeitpunkt verweigert der Mensch meist die Nahrungsaufnahme, denn sein Bewusstsein ist nicht mehr in die physische Welt gerichtet. So scheint es mir in dieser Zeit auch nicht mehr sinnvoll zu sein, das Leben eines Menschen künstlich zu verlängern. Keine Apparate mehr, keine künstliche Ernährung, denn der Sterbende ist bereits auf dem »Weg der Rückkehr«.

Während dieser Zeit ist das Bewusstsein des Sterbenden meist schon im astralen Körper oder in der Mentalhülle konzentriert, was von der Evolutionsstufe abhängt. Der Sterbende ist aber nicht ohne Bewusstsein, wie der Zuschauer vielleicht annehmen mag, sondern ist sich dessen, was vorgeht, voll bewusst. Denn nun beginnt der eigentliche Sterbeprozess, der geordnete Rückzug der Lebenskraft aus dem physischen Körper, was für den Betroffenen leicht oder schwer sein kann.

Wenn der Sterbende ein Mensch ist, der stark am physischen Leben festhält, weil er Angst vor dem Tod hat oder weil er von Schuldgefühlen geplagt ist oder weil ihn der ›Wunsch zu leben‹ so stark an den Körper bindet, kann sich das Sterben sehr lange hinziehen. Das physische Element kämpft dann heftig um sein Dasein, die Wunschnatur kämpft, um das Sterben zu verzögern, während die Seele nach Zurückziehung und Rückerstattung strebt. Das kann – wie es auch häufig geschieht – einen Todeskampf mit sich bringen, der den Zuschauern ganz deutlich sichtbar ist. Nun wäre es sinnvoll und tröstlich, wenn wir dem Sterbenden das Vertrauen und die Gewissheit geben könnten, dass alles gut ist und dass nichts auf ewig verloren ist.

Bei christlich geprägter Tradition wird ein Sterbender die letzte Ölung als sinnvolle, tröstende Maßnahme empfinden wie auch ein Gespräch mit einem Geistlichen, das dazu beitragen kann, Ängste zu zerstreuen, über gewisse Versäumnisse, Schuldgefühle, Verfehlungen oder andere ungelöste Probleme zu reden. Das kann Sterbenden Ruhe und Zuversicht geben und ein Vertrauen in das liebende Bewusstsein Gottes vermitteln.

Doch viele Menschen haben sich aus der kirchlichen Gemeinschaft gelöst und werden im Augenblick des Sterbens wohl keinen Geistlichen am Totenbett sehen wollen.

Was könnten sie also tun, um sich auf ein friedvolles, bewusstes Sterben vorzubereiten?

Wichtig ist, uns schon im Leben auf den Tod vorzubereiten und zu erkennen, dass es keine Trennung gibt. So wie wir im physischen Leben denken, fühlen und handeln, werden wir auch im Jenseits sein. Denn das Bewusstsein bleibt innerhalb oder außerhalb des Körpers das gleiche.

Und im Augenblick des Todes erleben wir wie in einem Film unser gesamtes Leben und erkennen, was wir richtig oder falsch gemacht haben. Wir wissen dann auch, dass wir karmisch zur Rechenschaft gezogen werden, und der Richter sind wir immer selbst.

So ist es auch ganz entscheidend, wie wir unser Leben beenden. Welches ist unser letzter Gedanke? Haben wir allen Menschen verziehen oder tragen wir ihnen noch etwas nach? Was wünschen wir den Zurückbleibenden? Gutes oder weniger Gutes? Jedes unserer Gefühle und Gedanken nehmen wir mit in die jenseitige Welt, und diese bilden unsere Verstrickungen, unsere Bindungen und karmischen Verpflichtungen. Denn ein zentrales okkultes Gesetz lautet: »*Dem Gedanken folgt Energie*«, und dies gilt im Diesseits wie im Jenseits.

Wer die Klärung des Astralkörpers durch Arbeit an sich selbst, durch Meditation und Lichtarbeit also schon im physischen Leben erreicht, wird nach dem Tod direkt auf die Mentalebene aufsteigen. Er wird durch schnellen Seelenkontakt sein vergangenes Leben überblicken und sich sehr bewusst auf das künftige Leben einstellen.

Die beste Vorbereitung auf ein bewusstes, schönes Sterben ist deshalb, allen Menschen, die wir in dieser Inkarnation getroffen haben und mit denen wir noch nicht im Reinen sind, bedingungslos zu verzeihen. Denn jedes ungelöste Problem mit anderen hält uns mit ihnen wie durch ein unsichtbares Band verbunden. Zwar ist es richtig, dass Hass trennt und Liebe verbindet, doch auch Hass schafft karmische Bindungen, die nur durch Liebe gelöst und erlöst werden können.

Die beste Vorbereitung auf einen bewussten Tod ist also, schon im Leben daran zu arbeiten, die Gewissheit unserer unsterblichen Seele zu erreichen. Denn der Glaube und das Vertrauen in die Liebe sind eine ungeheure Kraft. Und wahre Liebe ist bedingungslos und verzeiht immer.

So sollte der letzte Gedanke unseres Lebens auch ein liebender Rückblick sein, mit dem wir in Dankbarkeit die gesamte Lebenserfahrung annehmen und voller Liebe und Zuversicht auf das ›Große Licht‹ warten, das uns im Augenblick des Todes umfängt und in sich aufnimmt.

Die Vorbereitung auf ein bewusstes Sterben besteht also darin, schon im Leben die Perspektive zu verändern und uns nicht länger als Körper, sondern als Bewusstsein in einem Körper zu betrachten.

Dies wird möglich, wenn wir verstehen und annehmen können, dass unser Ich nicht mit dem physischen Körper identisch ist. Denn unser wahres Ego ist die *individuelle Seele*, die sich als Teil der *Überschattenden Gruppenseele* für eine Inkarnation in vier materielle Körper eingeschlossen hat, um diese mit ihrem Bewusstsein zu erfüllen. Und am Ende einer Inkarnation ruft die Gruppenseele die individuelle Seele zurück, um sich wieder mit ihr zu vereinen. Und so ist der Tod in Wahrheit ein wunderschönes Ereignis: die Befreiung des Bewusstseins aus den begrenzenden materiellen Körperhüllen.

Dabei sollten wir zunehmend daran denken, dass unsere Seele – die bewusste Wesenheit in uns – ihre Erfahrungen in vielen verschiedenen Körpern sammelt. Wir sind also schon viele Male gestorben und wiedergeboren worden. Wovor sollten wir uns also fürchten?

Glauben wir also nicht länger an den Tod, denn er ist nur eine Illusion unseres Denkens. Und um uns daraus endgültig zu befreien, könnten vielleicht fünf einfache Regeln aus der Bhagavadgita[22] helfen, die wir unserem Bewusstsein einprägen sollten:

- Erkenne dich als unsterbliches Wesen.

- Beherrsche dein Denken, denn durch dieses Denken kann das Unsterbliche erkannt werden.

- Lerne verstehen, dass die materielle Form nur der Schleier ist, der den Glanz der Göttlichkeit verhüllt.

- Erkenne, dass das Eine Leben alle Formen durchdringt, dass es also keinen Tod, kein Elend, keine Trennung gibt.

- Löse dich deshalb von der Formseite und komm zu Mir und verweile an dem Orte, wo Licht und Leben ist. So endet die Illusion.

---

[22] Die Bhagavadgita bildet den Kern der gesamten vedischen Weisheit und ist ein Klassiker der indischen Literatur.

TOD UND GEBURT –
ZWEI MOMENTE AUSSTRAHLENDEN LICHTES

Spirituell betrachtet sind Tod und Geburt das gleiche. Sie sind die subjektive und objektive Seite eines einzigen Seelenlebens. Und dieses Seelenleben manifestiert sich als herabsteigendes und aufsteigendes Licht.

Tod und Geburt können daher auch als zwei Augenblicke höchster Lichtstrahlung gesehen werden.

»**Der erste Augenblick des Glanzes** oder intensiver Lichtstrahlung liegt vor der physischen Inkarnation, wenn das herabsteigende Licht, welches das Leben mit sich bringt, mit aller Intensität um den physischen Körper herum verdichtet wird. Dies schafft eine Verbindung mit dem der Materie selbst innewohnenden Licht, das sich in jedem Substanzatom befindet. Dieses sich verdichtende Licht konzentriert sich dann an sieben Stellen des Ätherkörpers, so daß sieben Hauptzentren geschaffen werden, die sein Dasein auf der physischen Ebene – esoterisch gesprochen – leiten und bestimmen werden.

Dies ist ein Augenblick großer Strahlung. Es ist beinahe so, als ob ein Funke pulsierenden Lichtes zu einer Flamme wird, und in dieser Flamme nehmen sieben Kernpunkte verstärkten Lichtes Gestalt an. Es ist ein Höhepunkt im Werdegang der Inkarnation. Er liegt nur eine ganz kurze Zeitspanne vor der physischen Geburt und führt die Geburtsstunde herbei.

Der nächste Abschnitt in dem Vorgang – so wie ihn der Hellseher sieht – ist das Stadium der Durchdringung, während dessen ›die sieben zu den einundzwanzig und dann zu den vielen werden‹. Die Lichtsubstanz, der Energieaspekt der Seele, beginnt den physischen Körper zu durchdringen, und das Schöpferwerk des Äther- oder Lebenskörpers ist vollendet. Die erste Bestätigung dieses Geschehens auf der physischen Ebene ist der ›Laut‹, den das neugeborene Kind ausstößt. Es ist der Höhepunkt des Werdegangs. Der von der Seele ausgeführte

Schöpfungsakt ist jetzt vollbracht: ein neues Licht erstrahlt an einem dunklen Ort.

Der zweite Augenblick des Glanzes oder intensiver Lichtstrahlung kommt bei der Umkehrung dieses Prozesses. Er kündigt die Zeit der Rückerstattung und die endgültige Zurückziehung der Energie an, die dem Wesen der Seele eigen ist. Das Gefängnis des Fleisches wird durch das Zurückziehen von Licht und Leben aufgelöst. Die neunundvierzig Feuer im physischen Organismus sterben ab. Ihre Wärme und ihr Licht werden in die einundzwanzig Lichtpunkte und diese wiederum in die sieben Hauptzentren absorbiert.

Dann wird das ›Wort der Rückkehr‹ ausgesprochen, und der Bewußtseins- oder Qualitätsaspekt, das Licht und die Energie des inkarnierten Menschen werden in den Ätherkörper zurückgezogen. Ebenso zieht sich das Lebensprinzip aus dem Herzen zurück. Dann folgt ein strahlendes Aufflammen reinen elektrischen Lichtes. Der Lichtkörper bricht schließlich jeden Kontakt mit der physischen Hülle ab, konzentriert sich eine kurze Zeit lang im Ätherkörper und verschwindet dann. Der Rückerstattungsakt ist vollzogen.«   Djwhal Khul

Und so entfaltet der Mensch – wie die Esoterik lehrt – durch Tod und Wiedergeburt sein Bewusstsein, bis es zur vollkommenen Seele geworden ist, deren Wesen Licht, Liebe und das Erkennen einer eigenbewussten Identität ist. Dieser voll entwickelte Mensch muss dann mit einsichtsvoller Anteilnahme wieder im größeren Ganzen aufgehen, von dem er ein Teil ist.

LEBEN IST LICHT

Die Vorstellung von der Seele als einem herabsteigenden und aufstei-
genden Licht finden wir auch im Totenbuch, das sich in tibetischen
Archiven befindet:

*»Denke daran, o Chela, daß es in den bekannten Sphären nichts anderes
gibt als Licht, das dem WORT antwortet und Folge leistet. Wisse,
daß dieses Licht herabsteigt und sich konzentriert; wisse, daß es von
dem erwählten Brennpunkt aus die eigene Sphäre erhellt; wisse auch,
daß das Licht aufsteigt und dasjenige im Dunkel zurückläßt, was es – in
Zeit und Raum – erleuchtet hat. Dieses Herab- und Heraufsteigen
nennen die Menschen Leben, Dasein und Sterben; Wir die Wir den
Erleuchteten Weg gehen, nennen es Tod, Erfahrung und Leben.*

*Licht, das herabsteigt, verankert sich auf der Ebene der zeitbedingten
Erscheinung. Es wirft sieben Fäden nach außen, und sieben Licht-
strahlen pulsieren an diesen Fäden entlang. Einundzwanzig kleinere
Fäden werden von diesen ausgestrahlt, so daß die neunundvierzig
Feuer glühen und brennen. Auf der Ebene des manifestierten Lebens
ergeht das Wort: Siehe! Ein Mensch ist geboren!*

*Mit fortschreitendem Leben tritt die Qualität des Lichtes in Erschei-
nung; es mag trübe und dunkel sein oder auch strahlend hell und klar.
So gleiten die Lichtfunken in der großen Flamme hin und her; sie
kommen und gehen. Dies nennen die Menschen Leben; sie nennen es
das wahre Dasein. So betrügen sie sich selbst, doch dienen sie damit
der Absicht ihrer Seele und fügen sich in den größeren Plan ein.*

*Und dann ertönt ein WORT. Der herabsteigende, strahlende Licht-
funke steigt auf; er folgt dem schwach gehörten Ton, der ihn zurück-
ruft, und wird von seinem Urquell angezogen. Dies nennt der Mensch
Tod, und dies nennt die Seele Leben.*

*Das WORT erhält das Licht am Leben; das WORT zieht das Licht
zurück, und nur DAS bleibt übrig, was das WORT selbst ist. Dieses
WORT ist Licht. Das LICHT ist LEBEN, und LEBEN ist GOTT.«*

SCHLUSSBETRACHTUNG

Zum Schluss dieser spirituellen Sicht auf den Tod bleibt natürlich die Frage nach dem Nutzen einer solchen Betrachtung, die bei vielen sicher an die Grenzen ihrer Glaubensbereitschaft stößt.

Doch wir erleben gerade eine Zeit, in der die alten Sicherheiten sich auflösen und offenkundig wird, dass der Materialismus und das Fundament unseres Weltverständnisses zunehmend ins Wanken gerät. Immer mehr Menschen wird bewusst, dass die Werte, auf die unsere Gesellschaft aufgebaut ist, zu materialistisch sind, und die kollektive Suche nach einem neuen ethischen Fundament hat längst massenweise begonnen.

Welches sind aber die Werte, auf die eine moderne Gesellschaft sich stützen kann?

Offenkundig ist, dass die traditionellen Religionen es nicht geschafft haben, Respekt, Frieden, Einheit und Gerechtigkeit als Grundprinzip des menschlichen Zusammenlebens in die einzelnen Nationen hineinzutragen, weil sie selbst zu uneinig sind. Und solange die meisten Religionen ihre dogmatischen Schranken aufrechterhalten, werden immer mehr Menschen sich aus der kirchlichen Zugehörigkeit verabschieden, weil in ihren erstarrten Dogmen das Prinzip des sich entwickelnden menschlichen Bewusstseins fehlt.

Eine Welt, in der das Göttliche keinen Platz mehr hat, muss sich aber zwangsläufig selbst zerstören, denn da wo Egoismus und Gier zum Motor des Handelns werden, kann sich der schöpferische Geist des Menschen nicht entfalten. Eine Welt, in der der ›Gutmensch‹ belächelt wird und das individuelle Erfolgsstreben große Bewunderung erfährt, wird dem eigentlichen Wesen des Menschen nicht gerecht. Wie können sich in einer solchen Wertegemeinschaft Gemeinsinn, Mitgefühl und Mitmenschlichkeit entwickeln?

Wir sollten die Sinnfrage des Lebens daher völlig neu stellen, um eine gemeinsame Grundlage für das Zusammenleben aller Menschen in

Frieden, Freiheit und Solidarität zu ermöglichen. Und weil es immer offensichtlicher wird, dass der Materialismus dauerhaft keinen ausreichenden Lebenssinn ergibt, stellt sich die Frage nach dem wahren Wesen des Menschen und nach dem, was das Materielle überlebt.

Die großen Weltreligionen vermitteln dies auf unterschiedliche Weise, doch sie haben einen gemeinsamen Kern: Die Hinwendung an ein größeres schöpferisches Ganzes, in das der Mensch eingebunden ist. Als höchstes übergeordnetes Prinzip der Welt steht eine universelle Schöpferkraft, die der Christ Gott nennt, und die in anderen Religionen andere Namen hat, was relativ unwichtig ist, denn die All-gewaltige, All-umfassende Schöpferkraft ist mit keinem Namen wirklich erfassbar.

Und diese Eine Schöpferkraft (Gott, Brahman, Allah …) schickt von Zeit zu Zeit einen großen Avatar oder Vermittler in die Welt, um der Menschheit den nächsten Schritt in ihrer Entwicklung vorzuleben. Oder anders ausgedrückt: die Großen Persönlichkeiten, Propheten oder Erleuchteten der Religionsgeschichte haben uns durch ihr Leben ein ›Göttliches Prinzip‹ vorgelebt, das jeder Mensch im Laufe der Evolution entwickeln soll und kann. So zeigte uns Buddha, was ›Erleuchtung‹ ist, und Jesus Christus demonstrierte durch sein Leben die selbstlose Liebe, die durch Opfer erreicht wird.

Diese beiden großen »Vermittler Göttlicher Prinzipien« wurden zu Begründern zweier großer Weltreligionen, die die zwei Seiten einer Wahrheit sind. In den monotheistischen Religionen, wie im Christentum, ist ›Gott in der Höhe‹, also transzendent, und der Buddhismus sieht ›Gott im Innern‹, also immanent in jedem Menschen. Das scheint ein Widerspruch zu sein, doch er ist es nicht wirklich, denn beide Vorstellungen gehören zusammen.

Der transzendente Gott ist größer als die Menschheit. Er ist das Leben des Universums, unseres Planeten, aber auch des winzigsten Atoms über alle Naturreiche bis zum Menschen. Weil aber jeder Einzelne ein Teil dieses Ganzen ist, wohnt im Herzen jedes Menschen ein ›Funke göttlichen Lebens‹, dessen Wesen Liebe ist. Und diese Göttliche Liebe wurde uns in der Person des historischen Jesus auf Erden gezeigt.

Um eine gemeinsame geistige Basis zu finden, wäre es daher hilfreich, diese beiden Teilwahrheiten zu verbinden. Dadurch könnte der christliche Glaube im Westen eine Erweiterung erfahren, dem bisher die dynamische Perspektive einer Seelenentwicklung fehlt. Wird der Mensch doch – etwas vereinfacht ausgedrückt – als ›kleiner Sünder‹ in der Welt betrachtet, der auf die göttliche Gnade angewiesen ist, um schließlich nach dem Tod wieder zu Gott aufzusteigen und hier der ewigen Glückseligkeit teilhaftig zu werden.

Dies ist eine Sicht auf die Welt, die der zunehmenden Intelligenz der Menschen nicht gerecht wird, denn der Glaube allein reicht vielen nicht mehr, um Gewissheit zu erlangen. Er sollte daher durch ein geistiges Wissen ergänzt werden, das den Verstand des Menschen einbezieht und ihm seine Eigenverantwortung bewusst macht.

So erleben wir auch gerade im Westen immer öfter, dass spirituell suchende Christen, die das Vertrauen in ihre Kirche verloren haben, sich dem Buddhismus zuwenden, der eine erweiterte Sicht auf die Entwicklung des menschlichen Bewusstseins hat. Geht er doch nicht von einem einzigen Leben aus, in dem ein Mensch alles bekommen muss, was er erstrebt, und das ihn daher veranlasst, Glück, Erfolg und die Erfüllung aller Wünsche durch ein Höchstmaß an Anstrengung und Aktivität erreichen zu wollen. Vielmehr haben wir hier die Gewissheit, dass das Selbst des Menschen nicht vergänglich ist, weil es geistig und nicht materiell ist, woraus sich ein völlig anderes Menschenbild ergibt.

Und genau hier gewinnt das Studium der ›Zeitlosen Weisheit‹ an Bedeutung. Sie ist die Brücke, die unser Denken braucht, um das Erleben in dieser Welt auf eine ganz neue Weise zu verstehen. Und so könnte sie auch eine Quelle sein, die unseren unterschiedlichen Glaubensvorstellungen eine verständliche Erklärung bietet für das, was viele empfindend wahrnehmen, aber nicht zu glauben wagen, weil es der wissenschaftlichen Norm widerspricht.

Als zentrales Gesetz des Lebens gilt das **Gesetz von Ursache und Wirkung**, das **Reinkarnation** zur Folge hat. Dieses Gesetz enthält das Wissen, das die Menschheit dringend benötigt, um zu begreifen, welche

Verantwortung sie für die Schöpfung hat. Die Lehre der Wiedergeburt wird von der christlichen Religion abgelehnt, obwohl Jesus sie vertreten hat. Sagte er doch: *»Ihr werdet größere Dinge tun, als ich getan habe.«* Und was kann dies anderes bedeuten, als dass jeder Mensch sich durch Evolution und wachsende Seelenbewusstheit seines höheren Selbst oder ›göttlichen Ichs‹ bewusst werden kann, um schließlich geistige Vollkommenheit zu erreichen.

Natürlich sind hier nicht die vielen Spekulationen und Geschichten gemeint, die Menschen als ihre früheren Leben annehmen oder in Reinkarnationssitzungen erfahren haben. Diese mögen wahr oder nicht wahr sein. Das zu beurteilen ist nicht leicht, und darum geht es auch nicht. Vielmehr gilt es zu erkennen, dass Evolution nicht nur im Physischen, sondern auch im Geistigen stattfindet, denn sie wird durch die Seele bewirkt, die zu immer größerer Vollkommenheit strebt. Und dieses Streben nach Erweiterung des Bewusstseins ist der menschlichen Natur immanent und lässt sich auch durch nichts aufhalten, obwohl es sich zunächst eher im Materiellen zeigt.

Denn zu Beginn des Kreislaufs von Geburt, Tod und Wiedergeburt ist das Denken des Menschen auf die Materie, den persönlichen Profit, die eigene Bedeutung und Anerkennung gerichtet. Und solange dies so ist, bleibt die Seele im Hintergrund. Sie macht sich nur gelegentlich als »Stimme des Gewissens« bemerkbar, die zur Zeit bei vielen offensichtlich zu leise ist, um gehört zu werden.

So befinden wir uns heute weltweit in einer fundamentalen Krise, denn der Materialismus hat seinen Höhepunkt erreicht, an dem purer Egoismus und Selbstlosigkeit sich im immer krasseren Gegensatz zeigen. Und die Menschheit muss sich entscheiden, nach welchem Prinzip sie leben will. Doch woran kann sie sich orientieren in einer Welt voller Widersprüche, Ideologien und Glaubenssysteme?

Die Menschheit braucht ein Wissen, das tradierte Glaubenssysteme und neueste wissenschaftliche Erkenntnisse verbindet. Sie muss begreifen, dass unsere Welt ohne einen Schöpfer undenkbar ist. Und dieses Wissen bietet uns die ›Zeitlose Weisheit‹, die immer existiert hat, aber im Zuge der Aufklärung zunehmend negiert wurde. Doch das mechanistische Weltbild wurde inzwischen von der Wissenschaft selbst widerlegt. So wird das Erkennen der geistigen Lebensgesetze auch immer bedeutsamer, denn die Sinnsuche des Menschen geht ins Leere, wenn kein Ziel erkennbar ist, das den Tod überdauert.

Um diesen Prozess zu beschleunigen, wäre es wichtig, dass immer mehr Menschen begreifen, dass sie nicht nur einmal leben und deshalb auch nicht alle Ziele in diesem einen Leben Erfüllung finden können und müssen. Denn die Evolution geht langsam voran, und die Seele braucht viel Zeit, um – durch zahlreiche Wiedergeburten – vom seelenlosen Materialisten zum fühlenden, denkenden und liebenden Menschen heranzureifen, der sich der inneren geistigen Welten immer deutlicher bewusst wird.

Dies ist die **Vision der Seele** oder das Ziel der menschlichen Entwicklung, das natürlich nicht in einem Leben erreichbar ist. Und so hat der ›Seelenweg‹ auch verschiedene Stadien, die es zu erkennen gilt, um die eigene Entwicklung bewusster zu gestalten.

Zu Beginn des langen Weges identifiziert sich die Seele mit dem Körper, dann mit den Gefühlen und schließlich mit dem Denken, um auch darüber hinauszuwachsen und zu erkennen, dass ihr eigentliches Wesen **liebende Intelligenz** ist, die sich in **Mitmenschlichkeit** äußert.

Dies wird durch eine ständige Erweiterung des Bewusstseins erreicht, die an der Qualität des Denkens erkennbar ist, denn: *»Wie ein Mensch in seinem Herzen denkt, so ist er«*. Dieses *»Denken im Herzen«* ist ein Zeichen, dass die Seele erwacht ist, und es findet seinen Ausdruck im Mitgefühl und einem ethischen Handeln, das Gier und Egoismus keinen Raum mehr lässt. Denn hat ein Mensch schließlich – durch zahlreiche Tode und Wiedergeburten – die Sinnlosigkeit egoistischen Bemühens erkannt, weil er die Verbundenheit mit anderen Seelen fühlt, beginnt er, *»den Weg zurück zu gehen«*, und wendet sich – mit jeder neuen Inkarnation – immer mehr dem Seelenreich zu.

So wandelt sich sein *Persönlichkeitsbewusstsein* im Laufe der Zeit – durch Erwachen der Seele – zu einem *Gruppenbewusstsein*. Dies ermöglicht ihm zu erkennen, dass Seelen in Gruppen inkarnieren, und dadurch weiß er sich eins mit der Seele in allen Erscheinungsformen.

Und hat er dann – durch ein entwickeltes Denken, ein vertieftes Verstehen, Weisheit und praktisches Dienen – gelernt, nichts mehr für sein eigenes Ich zu verlangen, endet die Sehnsucht nach dem Leben in den drei Welten, und er wird vom »Rad der Wiedergeburt« frei.

Auf dieser Stufe erreicht der Mensch ein Maß an Vollkommenheit, das die Esoterik als **Christus-Bewusstsein** bezeichnet und das als eigentliches Ziel aller Menschen auf Erden verstanden wird.

An diesem Punkt unterscheidet sich die Esoterik von der christlichen Lehre, denn sie betrachtet Christus nicht als einzigartige, einmalige »Inkarnation Gottes«, sondern als das Ideal menschlicher Vollkommenheit, das alle Menschen durch Evolution des Bewusstseins erreichen werden. Und weil dies verständlicherweise lange Zeit braucht, sind Tod und Wiedergeburt notwendige Voraussetzungen, um den Menschen Stufe um Stufe seiner wahren Bestimmung näher zu bringen.

Wenn dieses esoterische Wissen in seiner wahren Bedeutung verstanden würde, könnte es die trennenden Differenzen der dogmatischen Religionen überwinden helfen. Denn die Menschen würden verstehen, dass sie von Ewigkeit her mit allen Seelen verbunden sind, und dass sie eine ganz bestimmte innere Beziehung zu all denen haben, die sich mit ihnen wiederverkörpern, die gleichen Lektionen lernen und mit ihnen Erfahrungen machen, um daraus zu lernen. Sie würden aber auch begreifen, dass die physische Welt nicht die einzige Lebenssphäre auf unserem Planeten ist, und dass die Ursache aller Schwierigkeiten und Probleme im Unvermögen liegt, dieses fundamentale Gesetz mit seinen Verantwortlichkeiten und Verpflichtungen klar zu erkennen.

Wenn wir dem ›Gesetz der Wiedergeburt‹ auch im Westen Beachtung schenken würden, könnte sich unsere Lebenseinstellung, aber auch unsere Einstellung zum Tod vollkommen verändern. Denn jeder wäre sich der Verantwortung bewusst, die er nicht nur für die nachwachsende Generation, sondern auch für sich selber trägt, weil »*er ernten muss, was er sät*«, wie es die Bibel ausdrückt.

Der Weg aus einer globalen Krise, in die die Menschheit sehenden Auges gerät, wenn sie sich dem Materialismus weiter verschreibt und dem Kapital erlaubt, die Welt zu regieren, kann daher nur eine Rückbesinnung auf die geistigen Werte und universellen Schöpfungsgesetze sein, die im innersten Kern aller Religionen enthalten sind, wenn sie vom Schleier der äußeren Dogmen befreit werden. Denn im Prinzip sind sich alle fortschrittlichen Religionen darin einig, dass Gott Liebe ist, die aber eines menschlichen Vermittlers bedarf, um in der physischen Welt sichtbar zu werden.

Im Christentum ist Christus das große Symbol Göttlicher Liebe und im Buddhismus liegt die Betonung auf Licht und Weisheit, die zur Erleuchtung des menschlichen Bewusstseins führen.

In den westlichen monotheistischen Religionen ist Gott transzendent, also größer als der Mensch. In den östlichen Religionen, vor allem aber im Buddhismus liegt der Schwerpunkt auf dem im Menschen immanenten Gott, der durch ständige Wiedergeburt und die so erreichte Bewusstseinserweiterung erst zur Entfaltung gebracht werden muss. Und diese stufenweise Entfaltung zeigt sich im Laufe der Zeit dadurch, dass ein Mensch den Weg des Materialismus verlässt, weil er sich seiner erwachenden Seele als Intelligenz, Liebe und Weisheit bewusst wird.

Wenn diese Eigenschaften durch Schulung zu Maximen des Handelns werden, könnten die Prinzipien des gesellschaftlichen Lebens aller Nationen der Erde ein neues Fundament erhalten. Wenn statt der Ökonomie, die momentan jeden Bereich des Lebens dominiert, Liebe, gerechte Verteilung und Solidarität als Grundprinzipien des Zusammenlebens betrachtet würden, könnten alle ökonomischen Probleme der Menschheit gelöst werden.

Das Gesetz der Wiedergeburt enthält daher das praktische Wissen, das die heutige Menschheit dringend benötigt, um in richtiger und korrekter Weise ihr religiöses, politisches, kommunales und privates Leben so zu führen, dass es im Einklang mit den universellen Schöpfungsgesetzen steht.

Und damit dieses esoterische Verständnis der Welt nicht zu unrealistisch und abgehoben klingt, möchte ich zum Schluss nochmals einen Wissenschaftler zu Wort kommen lassen:

»Der Mensch ist ein Teil des Ganzen, das wir Universum nennen, ein in Raum und Zeit begrenzter Teil. Er erfährt sich selbst, seine Gedanken und Gefühle als abgetrennt von allem anderen – eine Art optische Täuschung des Bewußtseins. Diese Täuschung ist für uns eine Art Gefängnis, das uns auf unsere eigenen Vorlieben und auf die Zuneigung zu wenigen uns Nahestehenden beschränkt. Unser Ziel muß es sein, uns aus diesem Gefängnis zu befreien, indem wir den Horizont unseres Mitgefühls erweitern, bis er alle lebenden Wesen und die gesamte Natur in all ihrer Schönheit umfaßt.«

Albert Einstein

LITERATURVERZEICHNIS

Aurobindo, Sri: *Bhagavadgita*. Hinder + Deelmann, Gladenbach, 1988.

Bailey, Alice A.: *Die Wiederkunft Christi*. Lucis, Genf, 1987.

Bailey, Alice A.: *Der Tod – Das grosse Abenteuer*. Lucis, Genf, 1990.

Bailey, Alice A.: *Esoterisches Heilen*. Lucis, Genf, 1973.

Bailey, Alice A.: *Der Yoga-Pfad*. Lucis, Genf, 1978.

Bailey, Alice A.: *Eine Abhandlung über Weiße Magie*. Lucis, Genf, 1974.

Bailey, Alice A.: *Telepathie und der Ätherkörper*. Lucis, Genf, 1972.

Bailey, Alice A.: *Eine Abhandlung über Kosmisches Feuer*. Lucis, Genf, 1981.

Besant, Annie: *Der Mensch und seine Körper*. Aquamarin, Grafing, 2. Aufl. 2012.

Blavatsky, H.P.: *Die Geheimlehre*. J.J. Couvreur, Den Haag, 1899.

Evans-Wentz, W.Y. (Hrg.): *Das Tibetanische Totenbuch*. Walter, Olten, 1971.

Rinpoche, Sogyal: *Das tibetanische Buch vom Leben und vom Sterben*. O.W. Barth, 1999.

Scholdt, Gunda: *Esoterische Astrologie – Das Praxisbuch*. Iris, Saarbrücken, 2007.

Scholdt, Gunda: *Das Erwachen der Seele*. BoD, Norderstedt, 2007.

WEITERE LITERATUR ZUM THEMA LEBEN NACH DEM TOD

Brinkley, D., Perry P.: *Zurück ins Leben*. Knaur, München, 1994.

Hardo Trutz: *Wiedergeburt – Die Beweise*. Peter Erd, München, 1998.

Kübler-Ross, Elisabeth: *Über den Tod und das Leben danach*. Silberschnur, Güllesheim, 2001.

Leadbeater, Charles W.: *Das Leben in der geistigen Welt*. Aquamarin, Grafing, 2009.

Leadbeater, Charles W.: *Die Astralwelt*. Aquamarin, Grafing, 3. Aufl. 2009.

Leadbeater, Charles W.: *Die Mentalwelt.* Aquamarin, Grafing, 2008.

Meek, Paul: *Der Himmel ist nur einen Schritt entfernt.* Thanner, München, 4. Aufl. 2002.

Moody, Raymond A.: *Leben nach dem Tod.* Rowohlt, Reinbek, 2001.

Moody, Raymond A.: *Leben vor dem Leben.* Rowohlt, Reinbek, 1990.

Randall, Neville: *Das Leben geht weiter.* Kubiak, Recklinghausen, 1975.

Stevenson, Ian: *Children Who Remember Previous Lives.* University Press of Virginia, Charlottesville, 1987.

Stevenson, Ian: *Cases of Reincarnation Type.* Bde. 1–4, University Press of Virginia, Charlottesville, 1975–1983.

Ein mehrbändiges Werk, in dem Prof. Stevenson, nach Ländern und Kulturen unterteilt, seine bestdokumentierten Erinnerungsfälle aus aller Welt präsentiert.

Gunda Scholdt

DAS ERWACHEN
DER SEELE

Einführung in die Psychologie der Sieben Strahlen

Dieses Buch ist eine Einführung in die **Psychologie der Seele**. Es bietet eine einzigartige Darstellung der Grundlagen zeitloser Weisheit, die uns den Seelenweg auf anschauliche Weise erklärt.

Das Besondere ist die synthetische Zusammenschau der Einzelelemente esoterischen Wissens, wie Monade, Seele, Persönlichkeit, die sieben Strahlen als Seelenarchetypen, die sieben Chakras, die sieben Ebenen, der Einweihungsweg des Menschen, aber auch die Praxis einer spirituellen Therapie.

Das Buch ist so geschrieben, dass es als Einstieg in die esoterische Sichtweise betrachtet werden kann, aber auch als Lehrbuch für Menschen in psychologischen, pädagogischen, beratenden und Heilberufen, die ihr Menschenbild erweitern möchten, um Ratsuchende auf ihrem seelischen Entwicklungsweg zu begleiten.

436 Seiten, mit 42 Abbildungen, Paperback
ISBN 978-3-8334-8771-2

Die Esoterische Astrologie ist eine Erweiterung der Persönlichkeitsastrologie. Sie beschreibt den Entwicklungsweg des Menschen, der durch die Erfahrung vieler Reinkarnationen seelisch erwacht und sich der grundlegenden Dualität seines Wesens – Seele und Persönlichkeit – bewusst wird.

Die Autorin beschreibt auf lebendige, eindrucksvolle und leicht nachvollziehbare Weise die Entwicklungsstufen seelischen Erwachens, die jeder Mensch im Zuge seiner Bewusstwerdung durchläuft.

Dieses Buch ist für einen Einstieg in die Astrologie geeignet, weil es alle Grundelemente astrologischer Deutung ausführlich und umfassend erklärt. Es ist darüber hinaus auch ein gut gegliedertes und klar aufgebautes Nachschlagewerk für erfahrene Astrologen, die offen für die seelischen Entwicklungsprozesse des Menschen sind.

512 Seiten, mit 52 Abbildungen, Paperback
ISBN 978-3-89060-501-2

DIE GROSSE INVOKATION

Aus dem Quell des Lichts im Denken Gottes
ströme Licht herab ins Menschendenken.
Es werde Licht auf Erden!

Aus dem Quell der Liebe im Herzen Gottes
ströme Liebe aus in alle Menschenherzen.
Möge Christus wiederkommen auf Erden!

Aus dem Zentrum, das den Willen Gottes kennt,
lenke plan-beseelte Kraft die kleinen Menschenwillen
zu dem Endziel, dem die Meister wissend dienen!

Durch das Zentrum, das wir Menschheit nennen,
entfalte sich der Plan der Liebe und des Lichts
und siegle zu die Tür zum Übel.

Mögen Licht und Liebe und Kraft
den Plan auf Erden wieder herstellen!

Dies ist ein Welt-Mantra mit großer geistiger Kraft, das auch
zur Begleitung von Sterbenden genutzt werden kann.